Los cínicos no sirven para este oficio

Ryszard Kapuściński

Los cínicos no sirven para este oficio
Sobre el buen periodismo

Edición de Maria Nadotti

Traducción de Xavier González Rovira

EDITORIAL ANAGRAMA
BARCELONA

Título de la edición original:
Il cinico non è adatto a questo mestiere. Conversazioni sul buon giornalismo
© Edizioni e/o
Roma, 2000

Ilustración: foto © Ryszard Kapuściński

Primera edición en «Crónicas»: febrero 2002
Primera edición en «Compactos»: abril 2005
Decimoséptima edición en «Compactos»: abril 2024

Diseño de la colección: Julio Vivas y Estudio A

© De la traducción, Xavier González Rovira, 2002

© EDITORIAL ANAGRAMA, S.A., 2002
Pau Claris, 172
08037 Barcelona

ISBN: 978-84-339-6796-1
Depósito legal: B. 16357-2011

Printed in Spain

Liberdúplex, S. L. U., ctra. BV 2249, km 7,4 - Polígono Torrentfondo
08791 Sant Llorenç d'Hortons

El primer texto de este libro recoge el encuentro con Ryszard Kapuściński, moderado por Maria Nadotti, que se celebró en Capodarco di Fermo (Apulia) el 27 de noviembre de 1999, en el marco del VI Congreso «Redactor social» titulado *De raza y de clase. El periodismo entre deseo de elitismo, implicación e indiferencia.* El acto fue organizado por el CNCA (Comité Nacional de Comunidades de Acogida), cuyo presidente es Vinicio Albanesi.

El segundo es una entrevista realizada el 28 de noviembre, al margen del Congreso del CNCA, por Andrea Semplici, periodista y fotógrafo, colaborador de *Airone, Nigrizia, Linus* e *Il manifesto*, y que ha escrito para el ClupGuide tres guías: *Eritrea, Etiopía* y *Libia.*

Finalmente, cerrando el volumen, se halla el encuentro –moderado nuevamente por Maria Nadotti– que Kapuściński mantuvo con el escritor y crítico de arte inglés John Berger con ocasión del Congreso *Ver, entender, explicar: literatura y periodismo en un fin de siglo*, organizado por la revista *Linea d'ombra* y celebrado en Milán en noviembre de 1994.

Maria Nadotti escribe sobre teatro, cine y cultura para diversas publicaciones italianas y extranjeras, entre otras *Lapis*, *Il Sole 24 Ore*, *L'Unità*, *La Repubblica Donne* y *Lo Straniero*. Ha editado a su cargo, entre otros, los siguientes libros: *Off Screen: Women and Film in Italy* (Routledge, Nueva York, 1988), *Immagini allo schermo: La spettatrice e il cinema* (Rosenberg & Sellier, 1991) y *Elogio del margine: Razza, sesso e mercato culturale* (Feltrinelli, 1998). Es autora de *Silenzio = Morte: Gli Usa nel tempo dell'Aids* (Anabasi, 1994), *Cassandra non abita più qui* (La Tartaruga Edizioni, 1996), *Sesso&Genere* (Il Saggiatore, 1996), *Scrivere al buio* (La Tartaruga Edizioni, 1998) y es coautora (junto con Giovanna Rizzo) de *Nata due volte* (Il Saggiatore, 1995).

INTRODUCCIÓN

Nacido en Pinsk (actualmente Bielorrusia) en 1932, el polaco Ryszard Kapuściński es una de las figuras intelectuales más originales y complejas del panorama internacional de la actualidad. Autor de memorables obras de historia contemporánea, a caballo entre el reportaje periodístico y la gran literatura –desde *El Emperador* (un irresistible perfil de Haile Selassie, estructurado como un puzzle que reúne materiales de distinta procedencia, relatos orales, conversaciones con los allegados del emperador, sirvientes, cortesanos, parientes, pero también con sus opositores) y *La guerra del fútbol* hasta *El Sha* (no traducido al italiano, aunque el relato de la revolución iraní de 1980 es evidentemente uno de sus trabajos ejemplares) o incluso *Another Day of Life* (sobre las recientes guerras en Angola)–, en Italia Kapuściński se ha convertido en una figura de culto gracias a *El Imperio*. Un libro escrito «arriesgándolo todo. Sin saber, hasta el final, si acabaría consiguiéndolo». Tres años de trabajo ininterrumpido –dos de ellos, 1990 y 1991, exactamente en vísperas del golpe de Estado que impondría la «peligrosa» hegemonía de Boris Yeltsin– que pasó explorando el vasto y contradictorio territorio soviético; evitando con cuidado los obstáculos de los encuentros institucionales, de las versiones oficiales y de las voces de palacio; privilegiando en todas las ocasiones los contactos directos, las charlas informales con la gente corriente o con los responsables directos de zonas tan remotas del por entonces «imperio» soviético que no aparecían ni siquiera en el atlas de la visibilidad y de la toma de decisiones políticas. Kapuściński, que habla perfectamente la lengua rusa, consigue «desaparecer entre la gente», ser tomado en todas partes como alguien del lugar.

Es importante, para comprender la naturaleza de sus libros y el secreto de su profunda, inteligente y humanísima capacidad de penetrar en los nudos de la más compleja actualidad política, recordar que es ésta precisamente la clave de su método de trabajo y de su condición de escritor. La regla número uno parece ser la de saber mimetizarse, de renunciar a los discutibles y narcisistas beneficios de la hipervisibilidad a favor de las bastante más útiles ventajas del anonimato. «He viajado muchísimo sirviéndome de toda clase de medios de transporte disponibles. Si me hubieran reconocido como extranjero, como diferente, es posible que la gente me hubiera dirigido la palabra, pero sin duda no se habría lanzado con la misma libertad a hacer comentarios y observaciones sinceras», afirma Kapuściński. Hasta el aspecto, parece desprenderse, cuenta. Si se está demasiado connotado, si los signos de reconocimiento social –ropa, conducta– son demasiado identificables, es posible acabar siendo excluido del contacto con la gente corriente y con las informaciones de primera mano, para acabar convertido en asistente obsesivo y cada vez más desorientado a conferencias de prensa cuya función es la de hacer de caja de resonancia a los regímenes. «Cuando se llega como enviado o corresponsal a un país en el que hay una guerra o una revolución», afirma el escritor, quien desde 1956 hasta hoy parece no haber hecho otra cosa, «el problema de las fuentes de información y el de cómo orientarse es enorme.»

Formado, como él mismo declara, en la escuela de los *Annales* franceses, la de Kapuściński, por tanto, es una historia construida desde abajo. Una historia atenta a las pequeñas cosas, a los detalles, a los humores. Nunca burocrática, unilateral, embalsamada, nunca de tesis. Fruto, al mismo tiempo, de la observación y de la intuición. Historia/relato centrada en los contenidos, pero también en la técnica narrativa, en el acto de escritura en sí mismo. En *El Emperador*, por ejemplo –y en este punto insiste el escritor con particular énfasis–, «el relato es un auténtico tejido de voces. Cada personaje tiene un estilo particular y, sobre todo en la última parte del relato, la lengua se hace ampulosa, pomposa, arcaizante, intencionalmente literaria. Me pregunto si en la traducción se habrán conservado estos registros. Sería una lástima que se hubieran perdido, porque a este tipo de escritura llegué por razones estrictamente funcionales, para darle una apariencia lingüística adecuada a una experiencia cortesana cuyos rasgos eran de un arcaísmo casi surrealista, después de un largo trabajo de documentación en textos literarios polacos del siglo XVII. En este libro mío, buena parte de la reconstrucción histórica pasa, en efecto, por la invención lingüística». O bien, en el caso de *El Imperio*, «el desafío no era sólo entender qué estaba pasando en aquel archipiélago desconocido que era la Unión de las Repúblicas Socialistas en decadencia, sino cómo contarlo, qué debía incluir en el libro y qué debía desechar. De qué manera, por ejemplo, explicar cómo había llegado a ciertas zonas que, legalmente, eran inaccesibles por completo, gracias a la ayuda de quién, a través de qué peripecias y con qué riesgo no sólo personal, sin perjudicar la seguridad de quien me había ayudado a llegar a ver con mis propios ojos realidades completamente borradas de los mapas historiográficos». Así, vemos por ejemplo que, entre los numerosos protagonistas que pueblan las páginas de *El Imperio*, aparecen los mineros de un minúsculo pueblo del extremo norte de la por entonces Unión Soviética, «hombres que en las interminables noches septentrionales están condenados a no ver nunca la luz del sol», que beben para sobrevivir y cuya esperanza de vida no supera los treinta y cinco años. El escritor se mezcla con ellos, los escucha, registra sus humores, la distancia sideral que los separa de la Historia del socialismo real. Y sobre esa historia, también por ellos, se pregunta. Fracturando, con una intuición y una inteligencia que, *por sí sola*, ninguna pasión política podría proporcionar y que nace sobre todo de una genuina pasión por sus semejantes, cualquier forma de visión monolítica de los acontecimientos históricos y de sus causas. La suya es una historia de individuos, de existencias analizadas en su materialidad, totalmente antiideológica. Nunca es tendenciosa, y, sin embargo, nunca es indiferente. A contracorriente por completo. «Hoy, para entender hacia dónde vamos», sostiene Kapuściński, «no hace falta fijarse en la política, sino en el arte. Siempre ha sido el arte el que, con gran anticipación y claridad, ha indicado qué rumbo estaba tomando el mundo y las grandes transformaciones que se preparaban. Es más útil entrar en un museo que hablar con cien políticos profesionales. Hoy en día, como el arte nos revela, la historia se está posmodernizando. Si le aplicáramos a ella las categorías interpretativas que hemos elaborado para el arte, quizá lograríamos desentrañarla mejor y tendríamos instrumentos de análisis menos obsoletos que los que, generalmente, nos empeñamos en utilizar. Caídas las grandes ideologías unificadoras y, a su manera, totalitarias, y en crisis todos los sistemas de valores y de referencia apropiados para aplicar universalmente, nos queda, en efecto, la diversidad, la convivencia de opuestos, la contigüidad de lo incompatible. Puede derivarse de todo ello una conflictividad abierta y sanguinaria, arcaica, el enfrentamiento difuso, el renacimiento de los localismos y de los más feroces tribalismos, pero también podría surgir un lento aprendizaje de la aceptación de lo distinto a uno mismo, de la renuncia a un centro, a una representación única. Como el arte posmoderno nos enseña, quizá podríamos darnos cuenta de que hay espacio para todos y que nadie tiene más derecho de ciudadanía que los demás.»

El año pasado, a casi un lustro de *El Imperio*, con el que había saldado simbólicamente una especie de deuda con la actualidad política «europea», Kapuściński publicó *Ébano*, la prueba del nueve de su método de trabajo y una especie de síntesis final de su relación con África. Hace unos seis años, hablándome de sus futuros proyectos, me dijo que lo que más le apetecía era reflexionar sobre las enormes transformaciones que, en el transcurso de pocas décadas, habían cambiado, literalmente, el mapa del continente africano y, al mismo tiempo, del mundo. En los inicios de su carrera como periodista, a mediados de los años cincuenta, cuando debía cubrir para la agencia de prensa polaca –solo, y con escasos recursos– toda África, nos encontrábamos todavía en plena época colonial. Y luego, en pocos años, a menudo como consecuencia de guerras y revoluciones sangrientas, cada vez eran más los estados africanos que se habían emancipado del dominio de los países europeos y que habían encontrado dificultosamente el camino de la independencia. Él había asistido, en primera persona, a muchas de aquellas transformaciones y a muchas de las guerras fratricidas que las habían acompañado o seguido. Blanco en un continente de negros, había conseguido mezclarse incluso allí entre la gente corriente, sin refugiarse en los ricos y blindados barrios de los europeos, había llegado a ser uno entre tantos. A esto le ayudó, obviamente, su condición de polaco, un «europeo de serie B» y, por otro lado, sin medios. Pero, sobre todo, la convicción de que para tener derecho a explicar se tiene que tener un conocimiento directo, físico, emotivo, olfativo, sin filtros ni escudos protectores, sobre aquello de lo que se habla.

Hoy, quien lea *Ébano* encontrará más o menos al final del primer tercio del libro un capítulo con un título curioso: «Mi callejón 1967». Son unas diez páginas, íntegramente dedicadas a la descripción del *apartamento* que Kapuściński escoge para alquilar en un barrio africano de Lagos y para transformarlo en su base africana. El *incipit* es seco y decidido: «El apartamento que tengo alquilado en Lagos es escenario de continuos robos.» Sin embargo, se equivocaría quien se esperara un *crescendo* de lamentaciones, malévolos contrastes entre Norte y Sur, expresiones de angustia o de miedo, un rastro, aunque tenue, de racismo, o bien la más leve sombra de moralismo. El autor tiene las ideas claras y un enorme sentido del humor y sabe que todo, absolutamente todo, es relativo. «Yo quiero vivir en una ciudad africana», dice poco después, «en una casa africana. ¿Cómo, si no, podría conocer esta ciudad, este continente?

»Pero a un blanco no le resulta fácil vivir en un barrio africano. Los primeros en indignarse y protestar son los europeos. El que alberga unas intenciones como las mías tiene que ser un loco, no estar en su sano juicio. Así que intentan disuadirle, le advierten: te expones a una muerte segura en que sólo puede variar la manera de morir: o te matarán, o te morirás tú solo de lo terribles que allí son las condiciones de vida.

»Tampoco la parte africana contempla con entusiasmo mi idea. En primer lugar, porque hay dificultades técnicas: ¿dónde vivir? Un barrio como éste significa miseria y hacinamiento, edificaciones pequeñas, endebles y pobres, casuchas de barro y chabolas, falta de aire y de luz, polvo, olores apestosos e insectos. ¿Dónde meterse? ¿Dónde encontrar un rincón recóndito? ¿Cómo ir de un lado a otro? La cuestión del agua, sin ir más lejos: hay que acarrearla desde la bomba, que está al otro extremo de la calle. Es trabajo de los niños. Las mujeres lo hacen a veces, pero los hombres, jamás. Y de repente, ante el pozo, se planta un señor blanco haciendo cola junto con los niños. ¡Ja, ja, ja! ¡Imposible!...»[1]

Progresando en la lectura, poco a poco nos damos cuenta de que, al hablar de sí mismo y de sus orwellianas peripecias sociales, Kapuściński está haciendo también otra cosa: el África de los callejones metropolitanos, con sus reglas, sus jerarquías, sus ritmos y sus humores, aflora lentamente para ir a situarse con claridad en un primer plano. El aparente protagonismo del escritor, ese autobiográfico colocarse en el centro de la escena, no es más que un revelador. Como si él, desde el ángulo de perspectiva de un incidente personal irrelevante, estuviera en realidad haciendo *zoom* y *contrazoom*, pasando de lo particular a lo general, del detalle a la visión de conjunto. Porque es a través de los detalles como se puede mostrar el mundo entero ya que «dentro de una gota hay un universo entero».[2] Al final, lo que pudiera ser una digresión privada, se revela como lo que es en realidad: una lección de historia social y una reflexión filosófica sobre las re-

---

1. *Ébano, op. cit.,* págs. 119-120 [véase bibliografía en página 24 de este libro].
2. *El Sha, op. cit.,* pág. 156.

laciones con la alteridad y sobre su posible conciliación, además de un fulgurante, vivísimo reportaje desde el corazón de África. Lagos, descrita afectuosamente desde el interior, no es distinta de París o de Londres, de Nueva York o de Nápoles. Hacer de ellas las capitales del consumo o del subdesarrollo está en la mirada y en la pluma de quien vive en ellas y escribe sobre ellas. Y Kapuściński siempre ha declarado su desinterés por los blancos, los ricos, los occidentales, por los poderosos de la tierra.

En *Lapidarium*, donde se encuentran recogidos los apuntes privados, las reflexiones, los aforismos, las consideraciones que no han encontrado un lugar en sus reportajes, «los despojos, los residuos carentes de valor de mi trabajo, que a menudo son precisamente los materiales más valiosos, porque sin ellos no habría huellas de los recorridos de la memoria», el autor ha escrito: «El tema de mi vida son los pobres. Es esto lo que yo entiendo por Tercer Mundo. El Tercer Mundo no es un término geográfico (Asia, África, América Latina) y ni siquiera racial (los denominados continentes de color), sino un concepto existencial. Indica precisamente la vida de pobreza, caracterizada por el estancamiento, por el inmovilismo estructural, por la tendencia al subdesarrollo, por la continua amenaza de la ruina total, por una difusa carencia de soluciones.»[1]

1. *Lapidarium, op. cit.*, pág. 103.

Y, para Kapuściński, ni la pobreza ni la opresión pertenecen al orden natural de las cosas. Por eso, como afirma en *El Sha*, la palabra, «las palabras que circulan libremente, palabras clandestinas, rebeldes, palabras que no van vestidas de uniforme de gala, desprovistas del sello oficial», terror de los tiranos, es «el catalizador imprescindible»,[1] el instrumento de revuelta, de organización y de lucha contra el cual las armas del poder se revelan de repente, en un momento misterioso e imponderable de la historia, completamente ineficaces. Para el cronista, entonces, además de la capacidad de observación, se convierte en fundamental el oído, el talento de la escucha, la consciencia de la abismal diferencia «que en nuestra época se produce entre el tiempo de la cultura material (o, dicho de otra forma, de la vida cotidiana) y el de los acontecimientos políticos».[2]

Veamos cuáles son, en efecto, según Kapuściński, los deberes del corresponsal de una agencia de prensa y las dotes necesarias para llevarlos a buen término: «Debe ser testigo de todos los acontecimientos de relevancia que se producen en un territorio de treinta millones de kilómetros cuadrados (la superficie de África), debe saber lo que está ocurriendo al mismo tiempo en los cincuenta países del continente, lo que ha ocurrido allí antes y lo que puede suceder en el futuro, conocer por lo me-

1. *El Sha, op. cit.,* pág. 135.
2. *El Imperio, op. cit.,* pág. 341.

nos la mitad de las dos mil tribus que conforman la población africana, dominar cientos de detalles técnicos [...]. También debe ser un hombre de gran resistencia física y psíquica, pues, por más que piense, ¿de qué nos sirve nuestro corresponsal si se abandona a la depresión y cae en un estado de postración que lo inmoviliza y le impide escribir una sola palabra en los momentos en que se suceden acontecimientos de máximo interés e importancia? [...] Tampoco puede ser corresponsal el que tiene miedo de la mosca tse-tse, de la cobra negra, del elefante, de los caníbales, de beber agua de ríos y arroyos, de comer tartas hechas de hormigas asadas; el que se estremece con sólo pensar en las amebas y en las enfermedades venéreas, en que le robarán y lo apalearán; el que ahorra cada dólar para construirse una casa cuando vuelva a su país; el que no sabe dormir en una choza de barro africana, y el que desprecia a la gente sobre la cual escribe.»[1]

El que –añado, citando otras obras suyas– «no sabe que en la política y en la vida es necesario saber esperar» y que «un hombre no empuña un hacha para proteger su cartera, sino en defensa de su dignidad». El que no sabe admitir y administrar su propio miedo ni estar solo, el que no es curioso ni lo suficientemente optimista como para pensar que los seres humanos son el centro de la historia, el que no ha

---

1. *La guerra del fútbol*, op. cit., págs. 172-173.

comprendido que «el concepto de totalidad existe en la teoría, pero nunca en la vida». El que no sabe preguntarse cuál es el alcance de una noticia y si es más lo que se dice o lo que se calla. El que cree en la objetividad de la información, cuando el único informe posible siempre resulta «personal y provisional».

Me gustaría acabar estas notas introductorias con una reflexión que me hiciera Kapuściński poco antes del encuentro de Capodarco. Estábamos hablando de la relación entre generaciones, de los problemas de comunicación entre personas de edades distintas, de la obstinación con que los adultos se aferran a sus posiciones y a sus pequeños y grandes poderes, de la impotencia de los jóvenes para hacer oír su propia voz y defender su propio punto de vista, cuando de pronto Kapuściński formuló el siguiente razonamiento: «Cuando algunos colegas de mi generación hablan de sus enemigos, les pregunto qué edad tienen estos enemigos. Generalmente, son jóvenes. Siempre les aconsejo que se esfuercen por encontrar una forma de comprenderlos, de mediar y de conectar con ellos. En efecto, los jóvenes, por definición, están destinados a vencer. ¿Por qué? Pues por la sencilla razón de que son más jóvenes, y por eso mismo pertenecen a una época y una civilización en las que quien es más viejo, es ya incapaz de seguir su estela. Mi sugerencia es, por tanto, la de no olvidarlo y, en lugar de combatirlos ciegamente y sin hacer ningún esfuerzo por ver las cosas desde su perspectiva, intentar antes que nada una solución de compromiso. No hay otra vía. Vencerán, de todos modos; aunque sólo sea porque, cuando estemos muertos y enterrados, ellos seguirán aquí. Quien sigue creyendo que la experiencia acumulada o los éxitos obtenidos tienen que proporcionar, automáticamente, el respeto y la aceptación de los demás, se equivoca de todas todas. En nuestras sociedades, la pirámide del poder ya no se estructura en función de la edad y de los saberes que en otras épocas se adquirían con los años. La edad, hoy en día, se ha convertido en una carga. Desde siempre, en tiempos de crisis y de grandes cambios –cambios que en nuestros días han adquirido una aceleración sin precedentes–, se asiste a la liquidación de las estructuras jerárquicas precedentes. En el momento actual, esta liquidación convierte al desfase generacional en algo más serio y profundo. De hecho, adultos y ancianos no quieren darse cuenta o aceptar la nueva situación, y permanecen aferrados a un privilegio de datos personales que ya no tiene razón de ser. El conflicto con los más jóvenes se convierte así, evidentemente, en algo inevitable. Y no me refiero solamente a la distancia que existe entre un quinceañero y alguien de sesenta y cinco años, sino también a la diferencia abismal que existe entre un quinceañero y quien tiene veinticinco. La relación entre generaciones nunca ha sido tan precaria y dramática como ahora.»

¿Consejos para los adultos? «Escuchar a los jóvenes y prestarles atención, renunciar a toda posición de poder, admitir que uno ya se encuentra en el bando de los derrotados. Si nos encontramos frente a una nueva consciencia y a nuevas actitudes que niegan valor y autoridad a la experiencia de los mayores, es necesario que entendamos que esto tiene un sentido y unas razones. Y que estas razones vencerán de todas formas. Es necesario que entendamos que los jóvenes nos escucharán sólo con la condición de que nosotros les escuchemos a ellos y de que sean ellos los que nos inviten a hablar. La clave de todo está en el interés recíproco. Si no nos damos cuenta de esto, los jóvenes seguirán venciendo, porque el futuro es de ellos y los más viejos seguirán siendo prisioneros de su propia ceguera. Vivimos en un mundo en constante y rapidísima transformación y no se puede seguir pensando y sintiendo como si nada hubiera cambiado. Los cambios hay que reconocerlos y aceptarlos, si se quiere, en consonancia, ser aceptado. Y para ser aceptado hay que aceptar a los demás, en especial a aquellos que representan las nuevas tendencias. Hablo, naturalmente, de lo mejor de las nuevas generaciones, porque, como siempre, las nuevas generaciones están integradas por personas diferentes. Pero lo mejor, en la actualidad, es fantástico: los jóvenes están mejor informados, son mucho más inteligentes, más capaces de expresarse, más ágiles y maduros, intelectualmente, que quienes los han precedido. Lo digo sin ideología, es una pura y simple constatación. Por lo demás, tomemos como ejemplo mi país:

en otra época no había ni forma ni tiempo de desarrollarse uno mismo, no había televisión, no había libertad para viajar, no había contacto con el resto del mundo, no se sabía que existieran otras culturas, no existía la información. Hoy en día, los mejores de entre los jóvenes saben muchas más cosas que nosotros, por eso yo prefiero ser humilde y modesto antes que decir: soy más viejo, por tanto, sé más que tú.»

MARIA NADOTTI

A continuación, proporcionamos la bibliografía de las obras de Ryszard Kapuściński citadas en el texto:
– *Another Day of Life* (edición original en polaco, 1976), traducción inglesa Picador, Londres, 1987.
– *El Emperador* (edición original en polaco, 1978), Anagrama, Barcelona, 1989 (Crónicas, 14).
– *El Sha o la desmesura del poder* (edición original en polaco, 1982), Anagrama, Barcelona, 1987 (Crónicas, 8).
– *La guerra del fútbol y otros reportajes* (edición original en polaco, 1988), Anagrama, Barcelona, 1992 (Crónicas, 24).
– *El Imperio* (edición original en polaco, 1993), Anagrama, Barcelona, 1994 (Crónicas, 32).
– *Lapidarium. In viaggio tra i frammenti della storia* (edición original en polaco, 1995), traducción italiana de Vera Verdiani, Feltrinelli, Milán, 1997 (inédito en España).
– *Ébano* (edición original en polaco, 1998), Anagrama, Barcelona, 2000 (Crónicas, 45).
Todas las obras publicadas en España han sido traducidas por Ágata Orzeszek (*El Emperador*, en colaboración con Roberto Mansberger Amorós).

LOS CÍNICOS NO SIRVEN PARA
ESTE OFICIO

Ismael sigue navegando

Maria Nadotti: En uno de tus primeros libros, *Another Day of Life*, un reportaje sobre las guerras en Angola todavía inédito en Italia [y en España], escribiste: «Es erróneo escribir sobre alguien con quien no se ha compartido al menos un poco de su vida.»[1]

En *El Imperio*, siendo testigo de la modernización de una ciudad, escribes: «Enfrente del hotel en que me alojo echan abajo el casco antiguo de Ereván. Derriban las viejas casas sombreadas, los miradores, los jardines colgantes, los parterres y caballones, los minúsculos arroyos y saltos de agua, los aleros cubiertos de alfombras de flores, las vallas envueltas en espesas parras, derrumban las escaleras de madera, destruyen los bancos colocados junto a

1. *Another Day of Life, op. cit.,* pág. 66.

las paredes de las casas, derruyen los cobertizos y los gallineros, los portales y las verjas. Todo esto desaparece de la vista. La gente contempla cómo los *bulldozers* allanan un paisaje formado durante años (en este lugar levantarán unas cajas de cemento hechas de placas de hormigón), cómo arrasan y reducen a escombros sus callejones verdes, silenciosos y acogedores, los rincones que les proporcionaban albergue y refugio. La gente lo mira y llora. Y yo, entre ellos, también lloro.»[1]

En *La guerra del fútbol*, en una especie de digresión autobiográfica que arroja luz sobre la naturaleza y la medida de tu compromiso como escritor y periodista, escribes: «En África he caído enfermo muy a menudo, pues el trópico lo fecunda todo en exceso [...]. No hay salida: si alguien quiere penetrar en los rincones más recónditos y apartados de las rutas trilladas, los más ocultos y traicioneros de estas tierras, tiene que estar preparado para pagar su osadía con la salud o incluso con la vida [...]. En vista de las circunstancias, hay quienes deciden llevar una existencia paradójica, a saber: al llegar a África desaparecen en hoteles que les brindan todas las comodidades, y nunca abandonan los lujosos barrios de los blancos; en una palabra, estando topográficamente en África, siguen viviendo en Europa, sólo que se trata de una Europa en miniatura,

1. *El Imperio, op. cit.,* pág. 126.

de un sucedáneo reducido a la mínima expresión. Es un estilo de vida que, sin embargo, resulta indigno de un auténtico viajero e inconcebible para un reportero, que tiene que vivirlo todo en su propia carne.»[1]

Tu obra más reciente, *Ébano*, es la fotografía de una África vista desde dentro y desde abajo, la tentativa exitosa de una observación participativa y, a su manera, militante, de las mil vidas de un continente que para nosotros sigue siendo nada más que un inmenso agujero negro en el mapa del mundo.

Por todo ello, me gustaría invitarte a que empezaras precisamente por aquí, por el relato y las motivaciones de una actividad periodística marcada por una opción ética muy fuerte y por la necesidad del riesgo, de la experiencia directa y de la compenetración.

Ryszard Kapuściński: Antes que nada, quisiera expresar mi gran alegría por estar aquí. No es la primera vez que participo en una reunión de periodistas en Italia, y tengo muy buenos recuerdos de estos encuentros. En segundo lugar, quisiera decir que estoy contento de ver a tantos jóvenes. Nuestra profesión necesita nuevas fuerzas, nuevos puntos de vista, nuevas imaginaciones, porque en los últimos tiempos ha cambiado de una forma espectacular. Habéis

---

1. *La guerra, op. cit.,* pág. 169.

nacido para llevar a buen puerto un trabajo que acaba apenas de empezar. El periodismo está atravesando una gran revolución electrónica. Las nuevas tecnologías facilitan enormemente nuestro trabajo, pero no ocupan su lugar. Todos los problemas de nuestra profesión, nuestras cualidades, nuestro carácter artesanal, permanecen inalterables. Cualquier descubrimiento o avance técnico pueden, ciertamente, ayudarnos, pero no pueden ocupar el espacio de nuestro trabajo, de nuestra dedicación al mismo, de nuestro estudio, de nuestra exploración y búsqueda.

En nuestro oficio hay algunos elementos específicos muy importantes.

El primer elemento es una cierta disposición a aceptar el sacrificio de una parte de nosotros mismos. Es ésta una profesión muy exigente. Todas lo son, pero la nuestra de manera particular. El motivo es que nosotros convivimos con ella veinticuatro horas al día. No podemos cerrar nuestra oficina a las cuatro de la tarde y ocuparnos de otras actividades. Éste es un trabajo que ocupa toda nuestra vida, no hay otro modo de ejercitarlo. O, al menos, de hacerlo de un modo perfecto.

Hay que decir, naturalmente, que puede desempeñarse de forma plena en dos niveles muy distintos.

A nivel artesanal, como sucede en el noventa por ciento de los periodistas, no se diferencia en nada del trabajo común de un zapatero o de un jardinero. Es el nivel más bajo.

Pero luego hay un nivel más elevado, que es el más creativo: es aquel en que, en el trabajo, ponemos un poco de nuestra individualidad y de nuestras ambiciones. Y esto requiere verdaderamente toda nuestra alma, nuestra dedicación, nuestro tiempo.

El segundo elemento de nuestra profesión es la constante profundización en nuestros conocimientos. Hay profesiones para las que, normalmente, se va a la universidad, se obtiene un diploma y ahí se acaba el estudio. Durante el resto de la vida se debe, simplemente, administrar lo que se ha aprendido. En el periodismo, en cambio, la actualización y el estudio constantes son la *conditio sine qua non*. Nuestro trabajo consiste en investigar y describir el mundo contemporáneo, que está en un cambio continuo, profundo, dinámico y revolucionario. Día tras día, tenemos que estar pendientes de todo esto y en condiciones de prever el futuro. Por eso es necesario estudiar y aprender constantemente. Tengo muchos amigos de una gran calidad junto a los que empecé a ejercer el periodismo y que a los pocos años fueron desapareciendo en la nada. Creían mucho en sus dotes naturales, pero esas capacidades se agotan en poco tiempo; de manera que se quedaron sin recursos y dejaron de trabajar.

Hay una tercera cualidad importante para nuestra profesión, y es la de no considerarla como un medio para hacerse rico. Para eso ya hay otras profesiones que permiten ganar mucho más y más rápidamente. Al empezar, el periodismo no da muchos frutos. De hecho, casi todos los periodistas principiantes son gente pobre y durante bastantes años no gozan de una situación económica muy boyante. Se trata de una profesión con una precisa estructura feudal: se sube de nivel sólo con la edad y se requiere tiempo. Podemos encontrar muchos periodistas jóvenes llenos de frustraciones, porque trabajan mucho por un salario muy bajo, luego pierden su empleo y a lo mejor no consiguen encontrar otro. Todo esto forma parte de nuestra profesión. Por tanto, tened paciencia y trabajad. Nuestros lectores, oyentes, telespectadores son personas muy justas, que reconocen enseguida la calidad de nuestro trabajo y, con la misma rapidez, empiezan a asociarla con nuestro nombre; saben que de ese nombre van a recibir un buen producto. Ése es el momento en que se convierte uno en un periodista estable. No será nuestro director quien lo decida, sino nuestros lectores.

Para llegar hasta aquí, sin embargo, son necesarias esas cualidades de las que he hablado al principio: sacrificio y estudio.

La pregunta de Maria hacía referencia al peso que la experiencia personal tiene sobre lo que uno está escribiendo. Depende. En nuestra profesión pueden hacerse cosas muy distintas. Con los años, nos especializamos en una carrera particular.

En general, los periodistas se dividen en dos grandes categorías. La categoría de los siervos de la gleba y la categoría de los directores. Estos últimos son nuestros patronos, los que dictan las reglas, son los reyes, deciden. Yo nunca he sido director, pero sé que hoy no es necesario ser periodista para estar al frente de los medios de comunicación. En efecto, la mayoría de los directores y de los presidentes de las grandes cabeceras y de los grandes grupos de comunicación no son, en modo alguno, periodistas. Son grandes ejecutivos.

La situación empezó a cambiar en el momento en que el mundo comprendió, no hace mucho tiempo, que la información es un gran negocio.

Antaño, a principios de siglo, la información tenía dos caras. Podía centrarse en la búsqueda de la verdad, en la individuación de lo que sucedía realmente, y en informar a la gente de ello, intentando orientar a la opinión pública. Para la información, la verdad era la cualidad principal.

El segundo modo de concebir la información era tratarla como un instrumento de lucha política. Los periódicos, las radios, la televisión en sus inicios, eran instrumentos de diversos partidos y fuerzas políticas en lucha por sus propios intereses. Así por ejemplo, en el siglo XIX, en Francia, Alemania o Italia, cada partido y cada institución relevante tenía su propia prensa. La información, para esa prensa, no era la búsqueda de la verdad, sino ganar espacio y vencer al enemigo particular.

En la segunda mitad del siglo XX, especialmente en estos últimos años, tras el fin de la guerra fría, con la revolución de la electrónica y de la comunicación, el mundo de los negocios descubre de repente que la verdad no es importante, y que ni siquiera la lucha política es importante: que lo que cuenta, en la información, es el espectáculo. Y, una vez que hemos creado la información-espectáculo, podemos vender esta información en cualquier parte. Cuanto más espectacular es la información, más dinero podemos ganar con ella.

De esta manera, la información se ha separado de la cultura: ha comenzado a fluctuar en el aire; quien tenga dinero puede cogerla, difundirla y ganar más dinero todavía. Por tanto, hoy nos encontramos en una era de la información completamente distinta. En la situación actual, es éste el hecho novedoso.

Y éste es el motivo por el que, de pronto, al frente de los más grandes grupos televisivos encontramos a gente que no tiene nada que ver con el periodismo, que sólo son grandes hombres de negocios, vinculados a grandes bancos o compañías de seguros o cualquier otro ente provisto de mucho dinero. La información ha empezado a «rendir», y a rendir a gran velocidad.

La actual, por tanto, es una situación en la que en el mundo de la información está entrando cada vez más dinero.

Hay otro problema, además. Hace cuarenta, cincuenta años, un joven periodista podía ir a su jefe y plantearle sus propios problemas profesionales: cómo escribir, cómo hacer un reportaje en la radio o en la televisión. Y el jefe, que generalmente era mayor que él, le hablaba de su propia experiencia y le daba buenos consejos.

Ahora, intentad ir a Mr. Turner, que en su vida ha ejercido el periodismo y que rara vez lee los periódicos o mira la televisión: no podrá daros ningún consejo, porque no tiene la más mínima idea de cómo se realiza nuestro trabajo. Su misión y su regla no son mejorar nuestra profesión, sino únicamente ganar más.

Para estas personas, vivir la vida de la gente corriente no es importante ni necesario; su posición no está basada en la experiencia del periodista, sino en la de una máquina de hacer dinero.

Para los periodistas que trabajamos con las personas, que intentamos comprender sus historias, que tenemos que explorar y que investigar, la experiencia personal es, naturalmente, fundamental. La fuente principal de nuestro conocimiento periodístico son «los otros». Los otros son los que nos dirigen, nos dan sus opiniones, interpretan para nosotros el mundo que intentamos comprender y describir.

No hay periodismo posible al margen de la relación con los otros seres humanos. La relación con los seres humanos es el elemento imprescindible de nuestro trabajo. En nuestra profesión es indispensable tener nociones de psicología, hay que saber cómo dirigirse a los demás, cómo tratar con ellos y comprenderlos.

Creo que para ejercer el periodismo, ante todo, hay que ser un buen hombre, o una buena mujer: buenos seres humanos. Las malas personas no pueden ser buenos periodistas. Si se es una buena persona se puede intentar comprender a los demás, sus intenciones, su fe, sus intereses, sus dificultades, sus tragedias. Y convertirse, inmediatamente, desde el primer momento, en parte de su destino. Es una cualidad que en psicología se denomina «empatía». Mediante la empatía, se puede comprender el carácter del propio interlocutor y compartir de forma natural y sincera el destino y los problemas de los demás.

En este sentido, el único modo correcto de hacer nuestro trabajo es desaparecer, olvidarnos de nuestra existencia. Existimos solamente como individuos que existen para los demás, que comparten con ellos sus problemas e intentan resolverlos, o al menos describirlos.

El verdadero periodismo es intencional, a saber: aquel que se fija un objetivo y que intenta provocar algún tipo de cambio. No hay otro periodismo posible. Hablo, obviamente, del buen periodismo. Si leéis los escritos de los mejores periodistas –las obras de Mark Twain, de Ernest Hemingway, de Gabriel García Márquez–, comprobaréis que se trata siempre de periodismo intencional. Están luchando por algo. Narran para alcanzar, para obtener algo. Esto es muy importante en nuestra profesión. Ser buenos y desarrollar en nosotros mismos la categoría de la empatía.

Sin estas cualidades, podréis ser buenos directores, pero no buenos periodistas. Y esto es así por una razón muy simple: porque la gente con la que tenéis que trabajar –y nuestro trabajo de campo es un trabajo *con* la gente– descubrirá inmediatamente vuestras intenciones y vuestra actitud hacia ella. Si percibe que sois arrogantes, que no estáis interesados realmente en sus problemas, si descubren que habéis ido hasta allí sólo para hacer unas fotografías o recoger un poco de material, las personas reaccionarán inmediatamente de forma negativa. No os hablarán, no os ayudarán, no os contestarán, no serán amigables. Y, evidentemente, no os proporcionarán el material que buscáis.

Y sin la ayuda de los otros no se puede escribir un reportaje. No se puede escribir una historia. Todo reportaje –aunque esté firmado sólo por quien lo ha escrito– en realidad es el fruto del trabajo de muchos. El periodista es el redactor final, pero el material ha sido proporcionado por muchísimos individuos. Todo buen reportaje es un trabajo colectivo, y sin un espíritu de colectividad, de cooperación, de buena voluntad, de comprensión recíproca, escribir es imposible.

En fin, esto es lo mínimo que puedo responder a la pregunta, que era muy larga y compleja.

M.N.: «El otro» elegido por Kapuściński no es, sin embargo, un «otro» genérico. Has afirmado en varias ocasiones que «el otro» que te interesa es el pobre. En *Lapidarium*, por ejemplo, dices: «El tema de mi vida son los pobres.» En *La guerra del fútbol*, citando al Lévi-Strauss de los *Tristes trópicos*, escribiste que tu decisión de ser un reportero de los países del Tercer Mundo respondía a una profunda incompatibilidad hacia tu grupo, tu cultura, tu país...

R.K.: Verás... El problema del escritor que lleva muchos años escribiendo es que el mundo y nosotros mismos cambiamos continuamente. Muchas veces me recuerdan que he escrito esto o aquello y yo contesto: Es imposible. Entonces me dicen: Pero si está escrito aquí. Sí, pero el libro se publicó hace treinta o cuarenta años. Desde entonces, todo ha cambiado. Es imposible vivir en el mundo contemporáneo sin cambiar y sin adaptarse a los cambios. Porque nuestro objeto está en un cambio constante. Y estamos intentando describir el mundo contemporáneo con instrumentos que funcionaban hace cuarenta años, y que hoy están completamente obsoletos, desenfocados.

Nuestra profesión necesita continuos reajustes, modificaciones, mejoras. Claro está, debemos atenernos a ciertas reglas generales. Ser éticamente correctos, por ejemplo, es una de las principales responsabilidades que tenemos. Pero, por lo demás, nuestro objeto está en continuo movimiento. Yo, por ejemplo, me he especializado en los países del Tercer Mundo –África, Asia y América Latina–, a los cuales he dedicado casi toda mi vida profesional. Mi primer viaje largo fue a la India, Pakistán y Afganistán, en 1956. Por tanto, hace más de cuarenta años que viajo a los países del Tercer Mundo. He vivido en ellos permanentemente durante más de veinte años, porque intentar conocer otras civilizaciones y culturas con una visita de tres días o de una semana no sirve para nada.

Cuando empecé a escribir sobre estos países, donde la mayoría de la población vive en la pobreza, me di cuenta de que aquél era el tema al que quería dedicarme. Escribía, por otro lado, también por algunas razones éticas: sobre todo porque los pobres suelen ser silenciosos. La pobreza no llora, la pobreza no tiene voz. La pobreza sufre, pero sufre en silencio. La pobreza no se rebela. Encontraréis situaciones de rebeldía sólo cuando la gente pobre alberga alguna esperanza. Entonces se rebela, porque espera mejorar algo. En la mayor parte de los casos, se equivoca; pero el componente de la esperanza es fundamental para que la gente reaccione. En las situaciones de pobreza perenne, la característica principal es la falta de esperanza. Si eres un pobre agricultor en un pueblo perdido de la India, para ti no hay esperanza. La gente lo sabe perfectamente. Lo sabe desde tiempos inmemoriales.

Esta gente no se rebelará nunca. Así que necesita que alguien hable por ellos. Ésta es una de las obligaciones morales que tenemos cuando escribimos sobre esta parte infeliz de la familia humana. Porque todos ellos son nuestros hermanos y hermanas pobres. Que no tienen voz.

Mi intención, sin embargo, es más ambiciosa. No pretendo limitarme a escribir sobre pobres o ricos, porque esto es competencia principalmente de una serie de organizaciones, desde las iglesias a las Naciones Unidas. Mi intención es sobre todo la de mostrar a todos nosotros, los europeos –que tenemos una mentalidad muy eurocéntrica–, que Europa, o, mejor dicho, una parte de la misma, no es lo único que existe en el mundo. Que Europa está rodeada por un inmenso y creciente número de culturas, sociedades, religiones y civilizaciones diferentes. Vivir en un planeta que cada vez está más interconectado significa tener en cuenta esto, y adaptarnos a una situación global radicalmente nueva.

Antes era posible vivir separados, sin conocer nada los unos de los otros, ni de un país a otro. Pero en el siglo XXI ya no lo será. Por tanto, lentamente –o mejor, rápidamente– tenemos que adaptar nuestro imaginario, nuestro tradicional modo de pensar, a esta situación. Algo que, obviamente, es muy difícil. En muchos casos, es casi imposible a corto plazo.

Nuestro imaginario ha sido educado para pensar en pequeñas unidades: la familia, la tribu, la sociedad. En el siglo XIX se pensaba en términos de nación, de región o de continente. Pero no tenemos ni instrumentos ni experiencia para pensar a escala global, para comprender lo que significa, para darnos cuenta de cómo las otras partes del planeta influyen en nosotros o cómo influimos nosotros en ellas.

En otras palabras, es muy difícil comprender que cada uno de nosotros es un ser humano que está conectado a otros seres humanos, que tenemos que imaginarnos a nosotros mismos como figuras dotadas de muchísimos hilos y vínculos que van en todas direcciones; para muchos es difícil aceptar esta realidad, y por eso vivimos con tantas tensiones, depresiones, tanto estrés.

En mi caso, precisamente porque vivía en esos continentes, intenté hacer comprender a través de mis escritos que asistimos a una gran revolución, en la que todos tomamos parte; y que en primer lugar tenemos que comprender la situación y, en consecuencia, adaptarnos a ella.

M.N.: ¿Cuáles son las fuentes con las que trabajas y dónde las buscas?

R.K.: Las fuentes son variadas. En la práctica, hay de tres tipos. La principal son los otros, la gente. La segunda son los documentos, los libros, los artículos sobre el tema. La tercera fuente es el mundo que nos rodea, en el que estamos inmersos. Colores, temperaturas, atmósferas, climas, todo eso que llamamos *imponderabilia*, que es difícil de definir, y que sin embargo es una parte esencial de la escritura.

El problema principal, hoy en día, es que las dos primeras fuentes están creciendo incesantemente. En cualquier parte a la que uno vaya, cada vez hay más personas. La selección de las personas que queremos como «material» para nuestros reportajes es un asunto de elección que se lleva a cabo gracias a la intuición y a la suerte. Y sobre esto es imposible dar alguna definición o formular alguna receta.

Una de las cosas que resulta fundamental entender es que, en la mayor parte de los casos, la gente sobre la que vamos a escribir la conocemos durante un brevísimo periodo de su vida y de la nuestra. A veces vemos a alguien durante cinco o diez minutos, estamos viajando a otra parte y a esa persona no volveremos a verla nunca más. Por tanto, el secreto de la cuestión está en la cantidad de cosas que estas personas son capaces de decirnos en un tiempo tan breve. El problema es que las personas, en un primer contacto, son generalmente muy calladas, no tienen ganas de hablar. Es una experiencia que todos compartimos: es necesario cierto tiempo para adaptarse al otro. ¡Pero esos escasos minutos a veces son los únicos que tenemos para hablar con una persona! Para un periodista, si esos minutos transcurren en silencio o generan una comunicación insatisfactoria, el encuentro es un fracaso. El éxito depende entonces de situaciones que están fuera de nuestro control, casi casi de «accidentes».

Otro gran problema de esta profesión, al menos desde el plano del periodismo internacional, es el de la lengua. Es un problema constante de la humanidad. Incluso aquí, ahora, entre nosotros, existe el problema de la lengua. Si yo hablara en mi lengua materna, el polaco, me expresaría de una manera bastante más interesante. Pero hablando en inglés, la lengua de otro pueblo, no estoy en condiciones de hilar demasiado fino y hay una serie de matices que se pierden. Y Maria, por si fuera poco, está traduciendo de una lengua que tampoco es la suya.

El de la lengua es uno de los problemas crecientes de este mundo. Una de las características del mundo contemporáneo es el aumento de los nacionalismos y de las lenguas que van unidas a ellos. Cada nación, y cada región en el seno de naciones particulares, insiste cada vez más en querer hablar la lengua propia y no la de los «otros». Esto se refleja incluso en las relaciones interpersonales. Si alguien quiere hablar conmigo y tiene que hacerlo en mi lengua, no conseguirá expresarse plenamente. Os pondré un ejemplo: hace poco se publicó un libro sobre la historia de los Estados Unidos. El autor, cuando estaba buscando los documentos relativos a los acuerdos escritos y firmados entre los colonizadores europeos que estaban en fase de expansión y los jefes de las tribus indígenas, los indios americanos, descubrió de pronto que todos esos tratados –de cualquier año, lugar o situación en que fueron adoptados– estaban escritos en una lengua extraña a una de las partes. Y, además, los indios que los firmaron eran analfabetos: no sólo no hablaban aquella lengua, ni siquiera sabían leer ni escribir. Se descubrió así que todos aquellos documentos, precisamente debido al problema de la lengua, son en gran parte un fraude. Y por tanto, la historia de los Estados Unidos de América se funda sobre una errónea comprensión de la lengua.

El problema de la lengua no es sólo internacional, sino también nacional. Baste con pensar en las diferencias lingüísticas existentes en un país como el vuestro, donde la lengua nacional convive con los dialectos, las lenguas de las denominadas minorías y las lenguas de los grupos inmigrados recientemente.

El problema de la comunicación, por tanto, es tremendo, especialmente para los periodistas, porque el uso de un lenguaje preciso es una cuestión muy delicada en nuestra escritura.

Recapitulando: hay un primer problema psicológico, que consiste en tener que hablar con personas a las que nunca antes hemos visto e intentar obtener lo máximo posible en encuentros que suelen ser brevísimos. El segundo problema es el lingüístico: a menudo no logramos ni siquiera comunicarnos con el otro, porque no conocemos su lengua ni tenemos traductores a nuestra disposición. Y así, tal vez, construimos la historia basándonos sólo en una percepción visual.

Os pondré un ejemplo explicado también en uno de mis libros, *El Sha*, escrito durante el período de la revolución jomeinista. Dicha revolución se expresaba en forma de grandes manifestaciones callejeras. Cuando estaba en Teherán, hace veinte años, las lenguas europeas estaban prohibidas, la lengua local era el farsí y yo no lo hablaba. Las fuentes oficiales no tenían ningún interés en dar a conocer a la prensa extranjera lo que estaba sucediendo verdaderamente en el país. Las noticias relativas a manifestaciones en las calles, tumultos, etcétera, eran censuradas sistemáticamente. Y, no conociendo la lengua del lugar, era un verdadero problema encontrar fuentes alternativas de información. Pues bien, necesité un poco de tiempo, pero luego me di cuenta de que trabajando a partir de ciertos indicios, de ciertas microseñales en apariencia insignificantes, no resultaba difícil prever lo que se estaba preparando. Noté que una pequeña tienda de una calle popular de cierto barrio, uno de esos pequeños establecimientos que exponen sus productos hasta en las aceras, determinados días no exponía sus mercancías y que, incluso, no abría. No me hizo falta pensar demasiado para comprender que podía utilizar esa señal como una nota de prensa más que fiable. Según los movimientos en la calle, de los que estaba evidentemente al corriente, el propietario de la tienda escogía su línea de conducta, manifestando de esta forma, a quien quisiera entender la indirecta, lo que podía esperarse, a qué hora y en qué parte de la ciudad.

Hay muchos casos como éste, pero sólo quería expresar que en nuestro oficio a menudo es necesario prestar mucha atención no tanto a las cosas que nos llegan a través de la radio, de la televisión o en las conferencias de prensa, como a lo que simplemente está a nuestro alrededor y que pertenece, precisamente, a los *imponderabilia*.

Otro problema: cada uno de nosotros ve la historia y el mundo de forma distinta. Si cada uno de nosotros fuera a un lugar donde está sucediendo algo y quisiera describirlo, obtendríamos versiones completamente diferentes de esos acontecimientos, cada uno los contaría a su manera. ¿A quién creer? ¿Cuáles son los criterios?

Tengo una hermana un año más joven que yo y a quien quiero mucho; vive en Canadá. Nos vimos hace unos dos o tres años. Desde hacía mucho tiempo, tenía yo en la cabeza escribir un libro sobre nuestra infancia en un pequeño pueblo de Bielorrusia, donde crecimos juntos y al que siempre tuvimos un gran apego. Así que intenté desempolvar junto a ella nuestros recuerdos de la Segunda Guerra Mundial. Le pedí que me explicara lo que recordaba de aquellos años, luego recuperé mi propia memoria. Pues bien, a pesar de haber vivido siempre juntos, cada uno de nosotros recordaba cosas completamente distintas. Seguía preguntándole si recordaba algunos episodios particulares y ella respondía que no. Y lo mismo sucedía conmigo cuando era ella la que me preguntaba.

No es más que un ejemplo de lo difícil que es nuestro trabajo con los otros. No es porque quieran engañarnos, sino sólo porque nuestra memoria funciona como un mecanismo selectivo. Entrevistando a personas distintas, tendremos relatos distintos de un mismo hecho. Tomemos un experimento realizado por una gran escritora mexicana, Elena Poniatowska: en la historia reciente de México sucedió un hecho muy trágico, la masacre de varios cientos de estudiantes en Ciudad de México en 1968, en la plaza de Tlatelolco. Poniatowska escribió un libro –cuyo título precisamente es *La noche de Tlatelolco*– que consiste en una pura crónica, sin ningún comentario, de ese acontecimiento que ocurrió en aquella misma plaza, explicado, no obstante, por cientos de personas de las que asistieron. Pero, mientras Poniatowska escribió un libro de quinientas páginas, para un periódico vosotros tenéis que contar una historia en tres páginas, o bien hacer un reportaje de apenas un minuto para la radio o la televisión. La selección de lo que tenéis que escribir está completamente reservada a vuestra intuición, a vuestro talento y a vuestros principios éticos. Podemos mentir sin pretenderlo, sólo porque nuestra memoria es limitada o los recuerdos son erróneos, o bien a causa de nuestras emociones.

El último problema concierne al cambio de nuestras actitudes y de nuestros recuerdos con el paso del tiempo. A veces, entre el acontecimiento sobre el cual hemos recogido material y el momento en que nos ponemos a escribir, transcurre un largo periodo de tiempo. Y en el curso de ese tiempo nuestros recuerdos han cambiado.

Todo esto es sólo para deciros lo difícil que es nuestra profesión en cuanto empezamos a ejercerla seriamente.

Pregunta del público: ¿Cómo empezó a recorrer el mundo? Y, antes de empezar a recorrerlo, ¿fue un poco cínico también usted, como lo somos un poco todos nosotros?

R.K.: Empecé a escribir como poeta. Cuando estaba todavía en el colegio, publiqué algunas poesías, el director de una revista se fijó en mí y me pidió que trabajara para ellos en cuanto acabara los estudios. Así que terminé la escuela a los dieciocho años y al día siguiente empecé a trabajar como periodista. Desde el primer momento descubrí lo fascinante que es esta profesión. Acabábamos de salir de la Segunda Guerra Mundial, Europa estaba destruida, muchos refugiados vagaban de un país a otro, entre la pobreza y las ruinas. Puede parecer patético, pero fue entonces cuando se desarrolló en mí la pasión por describir nuestra pobre existencia humana. También me interesaba mucho ver mundo, pero estábamos en el periodo comunista y para nosotros resultaba imposible salir al extranjero. Luego vino una época de tranquilidad en las relaciones internacionales, y tras la muerte de Stalin, poco a poco se nos fue permitiendo viajar fuera de nuestro país. En mi primer viaje, me mandaron a la India, Pakistán y Afganistán. Desde entonces hasta hoy, he dividido mi tiempo entre escribir sobre mi país y escribir sobre otros países.

Estoy convencido de que el siglo XX ha sido un siglo extremadamente fascinante. Generalmente, ha sido descrito como un siglo de desastres: la Primera y la Segunda guerras mundiales, las dictaduras, los regímenes totalitarios, el fascismo, el comunismo... Yo creo que en el siglo XX hemos vivido una experiencia histórica única: la creación de un planeta independiente. Si cogemos un mapa de nuestro planeta tal y como era a principios de siglo y uno de como es al final, tendremos dos situaciones completamente distintas. En la primera encontramos pocos estados independientes, y el resto del mundo vive bajo la dependencia colonial o semicolonial. Hoy encontramos casi doscientos estados independientes, y su número sigue creciendo todavía. El colonialismo ha dejado de existir y las colonias ya casi no existen. Aunque el nivel económico de muchísimas naciones es bajísimo, aunque existen sociedades muy infelices, vivimos en un mundo en el que casi seis mil millones de personas son, por lo menos nominalmente, seres humanos políticamente independientes. Creo que ésta es una característica positiva de nuestro siglo, algo que no debemos dejar caer en el olvido.

He sido uno de los testigos de este fenomenal acontecimiento, que nunca antes había ocurrido en la historia de la humanidad, y que no volverá a repetirse. Todas mis obras están dedicadas a esta excepcional experiencia humana.

En cuanto a la segunda parte de su pregunta, nuestra profesión no puede ser ejercida correctamente por nadie que sea un cínico. Es necesario diferenciar: una cosa es ser escépticos, realistas, prudentes. Esto es absolutamente necesario, de otro modo, no se podría hacer periodismo. Algo muy distinto es ser cínicos, una actitud incompatible con la profesión de periodista. El cinismo es una actitud inhumana, que nos aleja automáticamente de nuestro oficio, al menos si uno lo concibe de una forma seria. Naturalmente, aquí estamos hablando sólo del gran periodismo, que es el único del que vale la pena ocuparse, y no de esa forma detestable de interpretarlo que con frecuencia encontramos.

En mi vida, me he encontrado con centenares de grandes, maravillosos periodistas, de distintos países y en épocas distintas. Ninguno de ellos era un cínico. Al contrario, eran personas que valoraban mucho lo que estaban haciendo, muy serias; en general, personas muy humanas.

Como sabéis, cada año más de cien periodistas son asesinados y varios centenares más son encarcelados o torturados. En distintas partes del mundo se trata de una profesión muy peligrosa. Quien decide hacer este trabajo y está dispuesto a dejarse la piel en ello, con riesgo y sufrimiento, no puede ser un cínico.

Pregunta del público: Ha dicho usted que uno de los grandes problemas de este oficio nuestro es que los relatos sobre un mismo hecho son distintos, dependiendo de los testigos, mientras que el hecho es uno, y sólo uno. Entonces, ¿la diversidad de relatos no es una riqueza?

Al entrar, se felicitaba al ver a tantos jóvenes, pero éste es un trabajo que hace envejecer rápidamente...

R.K.: Hace unos veinte años, en mi país se planteó el problema de crear un fondo de pensiones para los periodistas, ya que se supone que la jubilación debe llegar al final de todas las carreras profesionales. En el sindicato de periodistas llegamos a la siguiente conclusión: que era un problema que no se podía afrontar, puesto que en nuestra categoría casi nadie llega a la edad de la jubilación. Es ésta una de las características de nuestra profesión, una profesión hecha de constante estrés, de nerviosismo, inseguridad y riesgo, y en la que se trabaja día y noche. Por tanto, en la que se envejece pronto y pronto se sale de escena. De mi generación, poquísimos compañeros aún siguen vivos. Algunos se han jubilado tranquilamente, pero de los que empezaron conmigo, ninguno sigue todavía en activo. No es para asustaros...

Naturalmente, hay campos de nuestra profesión en los que se puede trabajar más o menos con tranquilidad, pero no son muchos.

Con respecto a su primera pregunta, lo que usted dice es justo, si se tiene la posibilidad de describir un acontecimiento desde muchas perspectivas, como cuando se escribe un libro. Pero en nuestra profesión, en todas las formas en que se manifiesta (prensa, televisión...), la tendencia es abreviar cada vez más los relatos. Si sólo tienes una o dos hojas para escribir, todos los matices se pierden. Tienes que condensarlo todo en una pulsación, en una frase. No queda sitio para la riqueza de los detalles, a menos que seas un escritor. Si eres un periodista-escritor, entonces puedes permitirte mostrar toda la riqueza de las opiniones, de las experiencias. Pero si hablamos de la vida cotidiana, a menudo el periodista tiene que hacer una selección dramática, ceñirse a una lacerante reducción que le permita comprimir la realidad –que siempre es rica y pluridimensional– en una descripción breve y muy simplificada.

Pregunta del público: Hemos hablado de un periodismo que sobre todo presta atención a los débiles, de una profesión peligrosa, que desgasta. Quisiera saber, primero en su experiencia como persona y luego como periodista, cuál ha sido su relación con el poder, en especial con los regímenes de la Europa del Este, y cuál debería ser hoy la relación del periodista con el poder.

R.K.: Es una pregunta verdaderamente compleja. Tengo una larga trayectoria periodística que explicar y sería necesario todo un libro para responder cumplidamente. No hay una única regla. Lo ideal es ser lo más independiente posible, pero la vida está muy lejos de ser ideal. El periodista se ve sometido a muchas y distintas presiones para que escriba lo que su jefe quiere que escriba. Nuestra profesión es una lucha constante entre nuestro propio sueño, nuestra voluntad de ser completamente independientes y las situaciones reales en que nos encontramos, que nos obligan a ser, en cambio, dependientes de los intereses, puntos de vista, expectativas de nuestros editores.

Hay países en los que existe la censura, y entonces es necesario luchar para evitarla y para escribir, en lo posible, todo lo que uno pretende escribir, a pesar de todo. Hay países en los que existe libertad de expresión, en los que no se da una censura oficial, pero la libertad del periodista está limitada por los intereses de la cabecera para la que trabaja. En muchos casos, el periodista, especialmente si es joven, debe afrontar muchos compromisos y usar diversas tácticas para evitar el choque directo, y así ir tirando. Pero no siempre es posible, y éste es el motivo por el que se dan tantos casos de persecución. Son tácticas de persuasión indudablemente muy distintas de las acciones violentas de las que hablábamos antes: asumen la forma del despido, de la marginación efectiva de la vida laboral, de la amenaza de naturaleza económica. En general, se trata de una profesión que requiere una lucha continua y un estado de alerta constante. Para responder exactamente a su pregunta, sería necesario analizar caso por caso, pero de todos modos es difícil decir si en un determinado país la situación es mejor o peor que en otro. Las cosas fluctúan, cambian en pocos años. En general, la conquista de cada pedacito de nuestra independencia exige una batalla.

Cada uno de nosotros, después de cierto número de años de trabajo y de viajes, tiene en su currículum al menos algún caso personal de persecución, de expulsión de algún país, de detención, de tensiones con la policía o las autoridades, que tal vez se niegan a conceder el visado, que utilizan centenares de recursos para ponernos las cosas difíciles.

Pregunta del público: Al principio de nuestro encuentro, ha dicho usted que no hay que cansarse nunca de estudiar el mundo, porque éste cambia constantemente a nuestro alrededor. Debemos, en consecuencia, intentar anticiparnos a los acontecimientos, prever el futuro. Esto me ha recordado una frase del historiador Hobsbawm, en su libro *Entrevista sobre el nuevo siglo*. Pero ¿cuál es la relación entre crónica e historia, entre el periodista y el historiador? ¿No ocurre a veces que hacemos el mismo trabajo?

R.K.: Yo soy licenciado en historia, y ser historiador es mi trabajo. Mientras estaba completando mi currículum académico, me encontré con que tenía que elegir entre continuar mis estudios históricos para convertirme en un profesor de historia, un académico, o estudiar la historia en el momento mismo de su desarrollo, lo que es el periodismo. Elegí este segundo camino. Todo periodista es un historiador. Lo que él hace es investigar, explorar, describir la historia en su desarrollo. Tener una sabiduría y una intuición de historiador es una cualidad fundamental para todo periodista. El buen y el mal periodismo se diferencian fácilmente: en el buen periodismo, además de la descripción de un acontecimiento, tenéis también la explicación de por qué ha sucedido; en el mal periodismo, en cambio, encontramos sólo la descripción, sin ninguna conexión o referencia al contexto histórico. Encontramos el relato del mero hecho, pero no conocemos ni las causas ni los precedentes. La historia responde simplemente a la pregunta: ¿por qué?

En nuestra profesión, es muy importante prestarle mucha atención al lector (o telespectador) al que nos dirigimos. De un hecho concreto, nosotros conocemos muchas más cosas que él; es más, a menudo no sabe nada sobre el mismo. Debemos, por tanto, ser muy equilibrados. Tenemos que introducirlo a la comprensión del acontecimiento, diciéndole qué ha sucedido antes, contándole la historia del mismo.

Pregunta del público: Hay dramas de la historia contemporánea que han sido poco o nada tratados en los periódicos. Me refiero, por ejemplo, a las persecuciones de algunas minorías religiosas o étnicas en Irán. ¿Cómo es posible que ciertos hechos nunca hayan formado parte de la agenda de la prensa internacional?

R.K.: Porque la prensa internacional está manipulada. Y las razones de dicha manipulación son diversas. Hay, por ejemplo, razones ideológicas: entre las actividades humanas, los medios de comunicación son los más manipulados porque son instrumentos para determinar la opinión pública, algo que puede ocurrir de maneras diversas, dependiendo de quién los gestione. Hay diversas técnicas de manipulación. En los periódicos, se puede llevar a cabo una manipulación según lo que se escoja colocar en la primera página, según el título y el espacio que dedicamos a un acontecimiento. En la prensa hay cientos de maneras de manipular las noticias. Y otros cientos existen en la radio y en la televisión. Y sin decir mentiras. El problema de la radio y de la televisión es que no es necesario mentir: podemos limitarnos a no decir la verdad. El sistema es muy sencillo: omitir el tema. La mayor parte de los espectadores de la televisión reciben de forma muy pasiva lo que ésta les ofrece. Los patronos de los grandes grupos televisivos deciden por ellos qué deben pensar. Determinan la lista de las cosas en que pensar y qué pensar sobre ellas. No podemos pretender que el telespectador medio pueda llevar a cabo estudios independientes sobre la situación del mundo, sería imposible incluso para los especialistas. El ciudadano medio, que trabaja, vuelve a casa cansado y quiere tan sólo estar un rato con su familia, recibe únicamente lo que le llega en esos cinco minutos de telediario. Los temas principales que dan vida a las «noticias del día» deciden qué pensamos del mundo y cómo lo pensamos.

Se trata de un arma fundamental en la construcción de la opinión pública. Si no hablamos de un acontecimiento, éste, simplemente, no existe. Para muchos, de hecho, las «noticias del día» son la única vía para conocer algo del mundo. Fui testigo, en persona, de esta situación en Moscú en 1991, cuando hubo el intento de derrocar el primer gobierno de Yeltsin y de restaurar el comunismo. El hecho principal, el que lo decidió todo, sucedió en Leningrado, hoy San Petersburgo. Sin embargo, todos los equipos de la televisión estaba en Moscú.

El problema de las televisiones y, en general, de todos los medios de comunicación, es que son tan grandes, influyentes e importantes que han empezado a construir un mundo propio. Un mundo que tiene poco que ver con la realidad. Pero, por otro lado, estos medios no están interesados en reflejar la realidad del mundo, sino en competir entre ellos. Una cadena televisiva, o un periódico, no puede permitirse carecer de la noticia que posee su rival directo. Así, todos ellos acaban observando no la vida real, sino a la competencia.

Hoy en día, los medios de comunicación se mueven en manadas, como rebaños de ovejas; no pueden desplazarse de forma aislada. Por eso, sobre todo lo que se nos cuenta leemos y escuchamos las mismas informaciones, las mismas noticias. Tomad la Guerra del Golfo: doscientos equipos de televisión se concentran en la misma zona. En ese mismo momento, muchísimas otras cosas importantes, hasta cruciales, ocurren en otras partes del mundo. No importa, nadie hablará de ellas: todos están en el Golfo. Porque el objetivo de todos los grandes grupos de comunicación no es el de ofrecer una imagen del mundo, sino el de no ser desbancados por otros grupos. Si luego, inmediatamente después, hay otro gran acontecimiento, todos se mueven en esa dirección, y todos se quedarán allí sin tener tiempo de cubrir otros lugares. Éste es el modo en que el hombre medio se hace una idea de la situación mundial.

Naturalmente, hay revistas, boletines y sobre

todo libros que ofrecen una imagen más equilibrada y completa, pero son para minorías, para grupos pequeños de especialistas. Para el gran público, la información es sólo el resultado de la competencia, de la lucha entre los grandes medios de comunicación. Y eso es otra historia.

El otro tipo de manipulación es la consciente. Hoy en día, los medios están dispuestos a hablar de un acontecimiento sólo cuando están en condiciones de explicar las causas del mismo y de proporcionar todas las respuestas necesarias. Por ejemplo, la crisis de Kosovo hace ocho años que dura, pero no se habla de ella hasta que no se toma la decisión de empezar a resolver el problema. La noticia no existe si no se tiene preparada la respuesta sobre las causas.

M.N.: Acabaremos este encuentro, que evidentemente no ha agotado, ni podía agotar, todas las cuestiones planteadas, leyendo la página final de *La guerra del fútbol y otros reportajes*, una síntesis perfecta y totalmente abierta sobre el modo de trabajar, vivir e investigar de Ryszard Kapuściński:

«Después, el viento de los acontecimientos volvió a empujarme al otro hemisferio y luego a África. Sin embargo, ¿tiene algún sentido seguir el hilo de esta historia? ¿Hablar de la odisea a la hora de atravesar el Zambeze o de la visita al mariscal Idi Amín? Describir el mundo sólo era posible cuando la gente vivía en un planeta tan pequeño como el de los tiempos de Marco Polo. Hoy el mundo es inmenso e infinito, se ensancha día a día, y, en verdad, antes pasará un camello por el ojo de una aguja que podamos nosotros conocer, sentir y comprender todo aquello que configura nuestra existencia, la existencia de varios miles de millones de personas.

»Estoy leyendo *Moby Dick*, de Herman Melville. El protagonista del libro, el marinero de nombre Ismael, navega por el océano. Junto con los demás miembros de la tripulación, persigue a una peligrosa y escurridiza ballena que acabará emergiendo de las profundidades del mar para asestarles un poderoso golpe. En un momento dado oye al capitán, el terrible, implacable y despiadado Ahab, lanzar la orden: "¡Caña a barlovento! ¡A dar la vuelta al mundo!" Y entonces Ismael piensa: "¡La vuelta al mundo! Hay mucho en ese sonido que inspira sentimientos de orgullo, pero ¿adónde lleva toda esa circunnavegación? Sólo a través de peligros innumerables, al mismo punto de donde partimos, donde los que dejamos atrás, a salvo, han estado todo el tiempo antes que nosotros."

»Y, sin embargo, Ismael sigue navegando.»[1]

---

1. *La guerra*, págs. 59-60. La cita de H. Melville procede de la versión de J. M.ª Valverde: *Moby Dick*, Planeta, Barcelona, 1987, pág. 284. *(N. del T.)*

Vinicio Albanesi: Es difícil reunirse con maestros, y nosotros, esta noche, nos hemos reunido con un maestro. Los maestros no son infalibles, son guías. Yo, escuchando a Kapuściński, he oído una reflexión llena de humanidad, de esa piedad de la que hablábamos al principio de este congreso, y de esperanza. Kapuściński ha visto transcurrir muchas décadas: empezó como joven corresponsal, ha visto las transformaciones de los medios tecnológicos, pero no ha perdido el norte, ha seguido navegando. Es esto lo que debemos interiorizar. Vosotros sois jóvenes, conoceréis otros mundos, otros medios. Pero lo que hemos intentado comunicaros a través de Kapuściński es esta interioridad, esta humanidad, esta dignidad. Le agradezco a Maria Nadotti que lo haya hecho venir hasta aquí. No ha sido fácil. Esta mañana, *La Repubblica* ha publicado una entrevista de gran interés. Han ido a buscarlo hasta Zurich. Es un pequeño ejemplo de poder: han preferido no venir hasta Capodarco a reunirse con él porque tenían que demostrar que eran los mejores, es decir, los primeros. Buscáis ejemplos para no imitar y resulta que los tenéis delante de vuestros ojos.

Gracias, de todo corazón, a Ryszard Kapuściński.

Explicar un continente:
la historia de su desarrollo

Andrea Semplici: Usted viajó a África por primera vez en 1958. Tenía veintiséis años y la Ghana de Nkrumah acababa de conquistar su independencia. Para este continente había empezado la época de las grandes esperanzas. ¿Cómo era África, en aquel tiempo?

Ryszard Kapuściński: No había entonces, ni la hay hoy en día, una única África. No podemos olvidarlo. Hay diferentes Áfricas, cuatro, por lo menos: África del Norte, una franja inmensa que se extiende desde las costas mediterráneas hasta el Sáhara; África occidental, África oriental y, finalmente, África austral. Cada una de estas regiones africanas es profundamente distinta respecto a cada una de las otras. Pero había algo, sobre todo entonces, que unía al continente: la lucha por la independencia, una aspiración general a la libertad. Era un espíritu que recorría todos los rincones de África: había expectativas y esperanzas sobre el final del colonialismo. En todos los lugares de África encontraba este clima, este fantasma de la libertad: era el espíritu de *Uhuru*, el espíritu de la independencia, palabra clave de aquellos años.[1]

La única diferencia que atravesaba todo el continente eran los efectos de los diferentes tiempos de esa libertad. Algunos países consiguieron alcanzar la independencia antes que otros, que, en cambio, tuvieron que esperar todavía muchos años. Pero el espíritu era verdaderamente el mismo en toda África y el continente estaba unido por esa aspiración.

Los caminos hacia la independencia fueron muy distintos. Hubo quien luchó con las armas para conquistarla: Argelia es el país donde la lucha fue más enconada y larga, pero también en otros muchos lugares fueron necesarias guerras sangrientas. En las colonias portuguesas, los conflictos duraron hasta los años setenta. La revuelta de los Mau-Mau sacudió Kenia durante años,[2] las guerri-

---

1. Fue Jomo Kenyatta quien proclamó, el 12 de octubre de 1963, *Uhuru*, la independencia de Kenia. *Uhuru* es una palabra de la lengua swahili.

2. En 1950, grupos de *kikuyu*, habitantes de Kenia, fundaron la sociedad secreta de los Mau-Mau y llamaron a la rebelión contra el poder de los blancos ingleses. Millares de *kikuyu* fueron asesinados y encarcelados. Londres proclamó el estado de emergencia en todo el país: duró hasta 1960, hasta la víspera de la independencia.

llas estallaron en las regiones meridionales de Sudán.

Otros países, sobre todo las ex colonias británicas, consiguieron obtener la libertad con instrumentos constitucionales. Hubo negociaciones, conferencias que se desarrollaron, a finales de los años cincuenta, en países como Malawi, Kenia y Uganda. Nigeria, un país importantísimo, se hizo independiente mediante estos acuerdos constitucionales. Eran soluciones de compromiso: Gran Bretaña reconocía los derechos del nuevo país y, a cambio, obtenía privilegios económicos y militares.

Las colonias francesas siguieron, en cambio, un tercer camino: París concedió la independencia, pero con la condición de que el nuevo Estado permaneciera en manos de una élite formada culturalmente en Francia, y fiel a la vieja potencia colonial.

1960 fue el año de las independencias: diecisiete países africanos, sobre todo ex colonias francesas, obtuvieron la libertad. Pero aquéllos eran también los años de la guerra fría y las grandes potencias irrumpieron rápidamente en África.

Los países africanos se dividieron, casi de inmediato, en dos grandes bloques: algunos escogieron alianzas occidentales, otros miraron hacia el Este; algunos se alinearon con Moscú, otros firmaron acuerdos con los Estados Unidos. Esta división fue uno de los principales obstáculos para la unidad de los nuevos países. Sólo el gran prestigio de Haile

Selassie[1] consiguió establecer un diálogo entre los dos grupos: el emperador de Etiopía fue aceptado por los dos grupos enfrentados. Se mantuvo neutral, se reunió con los líderes africanos y en 1963 logró organizar un primer encuentro: todos los protagonistas de las independencias se reunieron en Addis Abeba. Fue entonces cuando nació la OUA, la Organización para la Unidad Africana. Una cita a la que yo, joven cronista, no podía faltar.

A.S.: A pesar de las divergencias entre los distintos países africanos, en Addis Abeba prevaleció la unidad. ¿Qué recuerda de aquel acontecimiento? ¿Se realizó verdaderamente el sueño de Nkrumah?[2]

---

1. Haile Selassie ascendió al trono de Rey de Reyes, emperador de Etiopía, en 1930. Etiopía fue el primer país africano que fue aceptado, como Estado independiente, en organizaciones internacionales como la Liga de las Naciones. Kapuściński dedicó a su figura un libro extraordinario: *El Emperador*. Haile Selassie fue depuesto por una revuelta militar en 1974. Fue asesinado, asfixiado mientras dormía, en 1975.

2. Kwane Nkrumah fue uno de los principales líderes del movimiento panafricano. Desde 1946 estuvo al frente de la lucha por la independencia de Ghana, de la que fue su primer presidente en 1957. Fue derrocado por un golpe de Estado militar en 1966. Murió en el exilio en 1972. Escribió *Africa must unite*, libro programático sobre la necesidad de la unidad africana.

R.K.: La cumbre de Addis Abeba fue el acontecimiento más importante del África contemporánea. Treinta y dos países africanos rubricaron la Carta fundamental de África. Ahora son cincuenta y tres los países independientes. Y Kwane Nkrumah, un gran político y un gran escritor, fue la personalidad más importante de aquel acontecimiento, el verdadero protagonista de aquel encuentro. Era el líder que tenía una visión de futuro, un proyecto ambicioso para todo el continente.

A.S.: ¿Quién era Kwane Nkrumah?

R.K.: Poco antes de la cumbre de Addis Abeba, Nkrumah escribió su manifiesto para África: *Africa must unite;* era su programa y su sueño. Nkrumah era un visionario y sabía muy bien que los estados africanos aislados, por sí solos, no estarían en condiciones de competir con el mundo moderno. Eran demasiado débiles: sólo una África unida podría desempeñar un papel importante, podría tener un peso en la comunidad internacional. Nkrumah creía que sólo una federación de estados africanos tendría alguna posibilidad. El mundo, según las previsiones del líder ghaniano, iba a ser dirigido por las grandes potencias y África, para poder hacer escuchar su voz, debería también ella convertirse en una verdadera potencia. De otro modo, su destino estaría determinado: divisiones, rivalidades, guerras interafricanas.

Recuerdo perfectamente el momento en que Nkrumah se presentó ante la asamblea de Addis Abeba. La cumbre estaba viviendo un momento de cansancio: los delegados abandonaban las salas, se iban al bar, hablaban con los periodistas, pero de repente, una sacudida eléctrica nos recorrió a todos. Se había corrido la voz: Nkrumah iba a tomar la palabra, estaba a punto de hablar. La sala se volvió a llenar en pocos minutos, Nkrumah subió al estrado y se hizo el silencio de inmediato.

Era un líder carismático, un hombre capaz de provocar grandes emociones, un personaje apasionante. Tenía una mirada que parecía mirar siempre a lo lejos. Con seguridad, era el más grande entre los nuevos jefes de África, aunque en Addis Abeba no faltaban otras personalidades extraordinarias. Como Haile Selassie, el emperador de Etiopía, que vio consagrado su prestigio.

Nasser, en cambio, era el punto de referencia para toda el África árabe. En la comida inaugural, el emperador de Etiopía y el presidente egipcio entraron los primeros, juntos, el uno al lado del otro. Era impresionante ver a los protagonistas de la historia africana reunidos de aquel modo: me impactaron Ben Bella, el luchador de Argelia, y Sékou Touré,[1] el

---

1. Ahmed Sékou Touré, sindicalista, fundador del Partido Democrático de Guinea. Primer presidente del país en 1958. De líder del panafricanismo se transformó en un dictador despiadado. Murió en 1984, tras veintiséis años de poder absoluto.

líder guineano, otro defensor del panafricanismo. No acudió a Addis Abeba Jomo Kenyatta, el padre de la libertad de Kenia. Nunca viajó fuera de las fronteras de su país.

A.S.: Usted profiere palabras casi de admiración hacia Haile Selassie. Y, sin embargo, escribió un libro durísimo contra él. ¿Podría explicar eso?

R.K.: Yo describí la corte imperial de Haile Selassie. Mi libro era un relato sobre un sistema de poder. El Emperador era, sin duda alguna, un personaje político asombroso. Etiopía era un país extremadamente pobre, una tierra feudal, atrasadísima. Vivía en un verdadero y profundo medievo. La esclavitud era una realidad todavía muy concreta. Y el Emperador, en algunas cosas un hombre moderno, era de veras una figura surgida directamente de esa Edad Media. Su poder era despótico y absoluto. Sus costumbres, sus vestidos, su protocolo eran propios de una corte medieval. Haile Selassie sabía que no podía desafiar a su aristocracia. Formaba parte de ella, aquellos feudatarios eran el pilar de su poder: el Emperador ni podía ni tenía la intención de cambiar las instituciones feudales de Etiopía. Era un hombre despiadado: quien se oponía a él, era condenado. Quien desafiaba al Emperador era asesinado. Tras el intento de golpe de Estado de

1960,[1] su represión no conoció la clemencia: mató a todos los rebeldes, incluidos sus colaboradores más cercanos.

A.S.: En Addis Abeba tampoco estaba uno de los líderes más queridos de la nueva África. Los secesionistas de Katanga habían asesinado ya a Patrice Lumumba.[2] ¿Quién era Lumumba?

R.K.: Una estrella fugaz, que no tuvo tiempo de brillar. Fue primer ministro del Congo poquísimos meses. Fue asesinado de manera brutal por Ciombé y por los secesionistas katangueses seis meses después de su nombramiento. Era joven. Un mes después de convertirse en primer ministro, el Congo se sumió en una sangrienta guerra civil. En realidad, no podemos decir muchas cosas de él. Yo estaba en el Congo cuando Lumumba fue asesinado. Me asombró la rapidez y la brutalidad de los acontecimientos y el aislamiento de Lumumba. Nunca tuvo verdadero poder, lo dejaron solo, fue

---

1. En 1960, la Guardia Imperial de Haile Selassie se sublevó contra el Emperador. El intento de golpe de Estado fue sofocado en cinco días.
2. Patrice Lumumba fue el primer presidente del Congo independiente. Gobernó pocos meses. Fue asesinado en enero de 1961. Recientes investigaciones acusan directamente a Bélgica, ex potencia colonial, de haber ordenado su muerte.

abandonado. Se ha convertido en un símbolo: es un Che Guevara africano, su mito está unido también a una muerte cruel.

No tuvo tiempo de expresar a fondo sus ideas. No dejó ningún libro para la posteridad. Fue elegido, estalló la guerra y el Congo se transformó en un campo de batalla donde se desafiaron las grandes potencias. Llegaron los rusos y los americanos. Si alguien releyera hoy las primeras páginas de los periódicos de entonces tendría la sensación de que el Congo estaba a punto de convertirse en el detonante de la Tercera Guerra Mundial. En el verano de 1960, el foco congoleño podía haber provocado un incendio mundial: el Congo, como Sarajevo para la Primera Guerra Mundial o Polonia en la Segunda. Había una tensión inmensa en aquel corazón de África. Era un juego terrible: americanos, rusos, chinos y belgas tenían proyectos brutales y, allí abajo, en mitad del África más profunda, chocaron duramente.

Lumumba no tenía ninguna posibilidad: para los poderosos de la tierra, no pintaba nada. Ordenaron eliminarlo sin ningún reparo.

A.S.: ¿Por qué el África de las independencias ha fracasado? ¿Por qué se ha desvanecido ese sueño?

R.K.: Por muchas razones. En Addis Abeba, en aquella primera cumbre africana, se tomó una decisión importante y fundamental. La Carta de la Organización para la Unidad Africana proclamó que las fronteras establecidas por las potencias coloniales eran intocables. Aquellas fronteras habían sido fijadas casi un siglo antes en Berlín por los países europeos que se repartieron el continente. Los líderes africanos temían que modificar aquellas fronteras significaría abrir las puertas de par en par a infinitos conflictos étnicos, a rivalidades sin fin, a guerras civiles. Los estados eran demasiado débiles para afrontar una situación como ésa. A menudo, se trataba de simples entidades cuyo poder no se extendía más allá de las periferias de las capitales. Establecer la invulnerabilidad de las fronteras entonces, en 1963, fue una sabia decisión. Pero no se tuvo la voluntad de evitar un fenómeno negativo: las nuevas clases dirigentes africanas ocuparon, simplemente, el lugar de los viejos patronos blancos. Heredaron de ellos, de un día para otro, privilegios y poder. Una élite negra sustituyó automáticamente a los colonialistas blancos. Ésta es una de las razones del completo fracaso de los nuevos estados. No hubo nuevas reglas, no hubo una nueva forma de administrar. No fueron transformados el estado o los mecanismos económicos. Todo siguió igual: los nuevos patronos negros tenían los mismos privilegios que sus predecesores blancos. No tardaron mucho tiempo en comprender los engrasados mecanismos de la corrupción. La independencia no modificó la estructura del poder blanco: aquí están las raíces del naufragio de África. La lucha por el poder alimentó las rivalidades entre las etnias y las diferentes tribus: la administración se transformó en un campo de batalla para repartirse la riqueza nacional y el poder político. La corrupción se fue extendiendo y los conflictos fueron inevitables.

Igualmente inevitable fue, en esta situación, la época de los golpes de Estado militares. No hubo que esperar mucho tiempo para ver a los militares hacerse con el poder en casi toda África. Los años sesenta fueron el decenio de los golpes de Estado militares. Tengo contados más de cuarenta. Pocos países consiguieron evitar la intervención de los militares. La decadencia de las administraciones civiles favoreció el éxito de esos golpes de Estado. El ejército era, en aquellos años, la única institución que funcionaba: tenía estructuras propias y su propio presupuesto, era una fuerza disciplinada, controlaba los sistemas de comunicación. A los militares no les costó hacerse con el poder frente a gobiernos civiles conflictivos e ineptos. No sólo eso: en muchos casos, los militares contaban con el apoyo popular, el ejército aparecía como una institución no corrupta, limpia, austera.

A.S.: Pero tampoco los militares fueron una solución para África...

R.K.: No, sin duda. La nueva década, los años setenta, fue la peor de la historia reciente de África. Es cierto: otros países conquistaron la independencia. Eran las ex colonias portuguesas, como Angola, Mozambique y Cabo Verde. Pero para este continente empezó también la gran tragedia, los años de las sequías y de las carestías. Dejó de llover en el Sahel. Los años setenta, en África, significaron el final de toda esperanza: desapareció aquel clima de espera, de confianza, que había diferenciado, hasta entonces, a aquel continente. La gente de África había creído que la libertad encendería la chispa del desarrollo, que la independencia haría posible una vida mejor. Eran ingenuidades, pero esta gran esperanza había puesto en movimiento a África. El decenio de las sequías mató esta esperanza. En Etiopía y en el Sahel se produjeron tragedias atroces. África cambió de aspecto. Y otros fenómenos agravaron este drama horroroso: una tremenda explosión demográfica se añadió a las carestías y al hambre. Nacieron millones y millones de personas y no había nada para comer. Tensiones terribles recorrieron el continente durante todos los años setenta y ochenta. África conoció nuevas divisiones: toda aspiración de unidad desapareció, el espíritu de las independencias se desvaneció por completo. Cada país, en rincones diferentes de África, se encontró viviendo realidades completamente distintas.

Algunos países lograron encontrar cierto equilibrio, aunque fuera precario: pienso en Botswana y en Ghana, que se han construido una historia reciente, en cierto modo, positiva. Otro grupo de países, más pobres, han mostrado de todas formas, en los últimos años, una cierta estabilidad: Namibia, Zimbabwe, Tanzania, Senegal y los países norteafricanos como Túnez o Marruecos han intentado realmente salir a flote. Otros países, en cambio, aparecen perdidos: guerras civiles han devastado, y están devastando todavía, Angola, Sudán, Liberia, Sierra Leona. Somalia ya no es un Estado. Ya no existe como tal. Prácticamente, dos gobiernos se disputan Congo-Brazzaville, mientras que Sierra Leona ha vivido auténticos infiernos. En estos lugares, la autoridad del gobierno, admitiendo que exista, no va más allá de los límites de la capital. Estos países son una parte importante de África y están al borde, en cada momento, de una total desintegración. Se combate sólo por el dominio de un bando sobre el contrario. Y el futuro de las nuevas generaciones está marcado por la ausencia total de cualquier clase de instrucción. Son estas tres Áfricas demasiado distintas entre ellas: pero es así, con estas impresionantes divisiones, como ha entrado el continente en el siglo XXI.

A.S.: Pero el final de la guerra fría ha supuesto también el desinterés de las grandes potencias hacia África. ¿Por qué se sigue combatiendo hoy?

R.K.: Ésta es una de las grandes amarguras para quien contempla el África de estos últimos años. El final del enfrentamiento entre Estados Unidos y la Unión Soviética no ha significado la paz en África. En Angola, la UNITA[1] fue financiada, durante años, por Sudáfrica y América contra el gobierno de Luanda, aliado de Moscú. Terminada la guerra fría, incumplido el acuerdo de paz, la UNITA combate actualmente por los diamantes. En África se hacen nuevas guerras por el poder y la riqueza. Así ocurre en Angola, así ocurre en Sierra Leona, así ocurre en el Congo. África, antes de 1989, era el campo de batalla entre dos potencias que se desafiaban en cualquier lugar del mundo: tras la caída del muro de Berlín, es como si África hubiera dejado de existir. Nadie, en el año 2000, tiene ya intereses en África. Se trata tan sólo de un continente en los confines del planeta. En los últimos diez años se han ido reduciendo los apoyos internacionales: la ayuda al desarrollo ha descendido por debajo del 1%. Esto quiere decir que cada afri-

---

1. UNITA es la Unión Nacional para la Independencia Total de Angola, frente guerrillero nacido en 1966 en contraposición al Movimiento Popular para la Liberación de Angola (MPLA), de tendencia marxista. Tras la independencia de Angola (1975), se ha desarrollado una feroz guerra civil entre ambos grupos. El enésimo acuerdo de paz firmado en 1994 se rompió a finales de 1998: la guerra entre UNITA y el gobierno de Luanda estalló de nuevo con virulencia.

cano recibe menos de dos dólares al mes. Es decir, nada. Y estos cálculos no se refieren únicamente a las ayudas monetarias, sino a todos los sectores en los que interviene la cooperación, desde la sanidad hasta la educación. Los líderes africanos están convencidos de que las ayudas que antes llegaban al continente han tomado, actualmente, los caminos del Este europeo. África ha sido olvidada por completo. Europa, a los ojos de los africanos, ha decidido abandonar el continente y privilegiar a los otros europeos.

A.S.: Y, sin embargo, en años recientes un viento de optimismo recorrió África. ¿Recuerda el viaje del presidente norteamericano, Bill Clinton, en primavera de 1998? Proclamó la nueva era de África, el inicio del Renacimiento africano. Un Renacimiento que duró sólo dos meses.

R.K.: Clinton realizó ese viaje por razones internas: necesitaba conquistar el apoyo de los afroamericanos. Quería llamar también la atención del Banco Mundial, del Fondo Monetario y de algunas grandes empresas americanas sobre África. Quería que las grandes multinacionales americanas invirtieran allí sus propios fondos. Washington había hecho una valoración simple y errónea: los americanos consideraban que África era, a esas alturas, un continente vacío. Rusia estaba fuera de juego, y hasta las antiguas potencias coloniales, Francia y Gran Bretaña, parecían no tener ya intereses en África. Por eso, los estrategas del Departamento de Estado convencieron a Clinton de que debía considerar aquel viaje como histórico; por eso le sugirieron que hablara de una nueva frontera, de un nuevo Renacimiento. En América se creyeron que, por poco dinero, iban a poder comprarse África. No había una idea muy noble en aquel viaje de Clinton. Pero ninguna empresa americana podría, aunque hubiera querido, invertir a gran escala en África. Las inversiones americanas podrían estar, y lo estaban, dirigidas tan sólo a proteger los intereses de los Estados Unidos: África es una alternativa indispensable en el aprovisionamiento de petróleo destinado a Norteamérica. África es el segundo proveedor de los Estados Unidos, que compran crudo en Nigeria, en Gabón, en Angola.[1]

Pero los observadores americanos, en el fondo, tenían algo de razón: los intereses franceses e ingleses en África son, en la actualidad, puramente políticos. París y Londres ya no tienen ambiciones económicas relevantes en el continente. ¿Sabe cuál es la nueva potencia económica en África? China.

---

1. En las primeras semanas del año 2000, la secretaria de Estado Madeleine Albright declaró que, entre los estados africanos, sólo Nigeria entraba entre los «países prioritarios» para las ayudas americanas en África.

Pekín produce mercancías que África puede comprar. Son productos que cuestan poquísimo dinero y son cosas necesarias para los africanos. Zapatos, lápices, sandalias, palanganas, radios pequeñas, aparatos electrónicos elementales, camisas, tejidos: los mercados africanos están llenos de objetos *made in China*. Cada pueblo, hasta el más perdido, utiliza productos chinos. Los estudiantes, en las escuelas rurales, utilizan libretas chinas. Son productos todos ellos que cuestan un dólar, un dólar y medio como mucho. Ni un céntimo más. Las mercancías europeas son demasiado caras para África. Y ninguna empresa europea puede producir para clientes que no tienen dinero. China y, en menor medida, la India, no tienen rival. Se trata de un fenómeno singular: es como si se hubieran reabierto, en estos últimos años, las rutas tradicionales, caminos ya recorridos hace cientos de años. Las primeras vías comerciales, mucho antes de la llegada de los blancos, enlazaban África con Oriente, unían las costas del océano Índico con Asia, a la península arábiga con el Oriente Medio. Mercaderes indios y chinos vendían, hace miles de años, sus mercancías en Somalia, en Mozambique, en Kenia. La cultura asiática influyó, de forma palpable, en la religión, la cultura y los comercios africanos. Aquellos antiguos vínculos están reconstruyéndose hoy, en el año 2000.

A.S.: Otro viajero recorrió África en los mismos años de sus aventuras. Me refiero a Alberto

Moravia.¹ Leyendo los libros de Moravia y los suyos se tiene una curiosa impresión: es como si hubieran visto dos continentes distintos. Moravia habla de la belleza de África; usted, de sus tragedias. ¿No le interesa la naturaleza de África?

R.K.: En mi último libro, puede usted leer páginas que hablan de la belleza de África.² Moravia y yo hacíamos dos trabajos distintos y teníamos dos tiempos distintos. Amo la naturaleza de África, me extasío ante ella, pero Moravia tuvo más suerte que yo: fue a África como escritor. Yo era un esclavo, un esclavo de mi trabajo obsesivo. Era corresponsal de una agencia de prensa y tenía que cubrir todo el continente. Y, en aquellos años lejanos, comunicar desde África con el resto del mundo no era una tarea nada fácil. Había pocos teléfonos, nada de televisión, poquísimos periódicos, las comunicaciones eran imposibles. Internet era ciencia ficción. Yo vivía en África y, para mí, conseguir noticias era dificilísimo. Vivía en Tanzania y no tenía forma de saber qué estaba pasando en Argelia. Un periodista en París o Londres sabía de eso mu-

---

1. Entre los libros de viajes de Alberto Moravia dedicados a África destacan *¿A qué tribu perteneces?* (1972) y *Cartas del Sahara* (1981). *(N. del T.)*
2. Ryszard Kapuściński, *Ébano*, Anagrama, Barcelona, 2000.

cho más que yo. El único instrumento de contacto con el mundo era el télex, y sólo en algunos países tenía la suerte de encontrar un télex que funcionara. Saber dónde había un télex era mi problema principal cada vez que salía de viaje. Y tenía que esperar que funcionase. La nuestra era una agencia pobre y yo no tenía mucho dinero. No podía gastar para enviar noticias. Tenía que ser Varsovia la que me buscara, la que me encontrara, la que se pusiera en contacto conmigo. Pero eso suponía que mi agencia tenía que saber dónde encontrarme, que teníamos que establecer citas delante de un télex. Los problemas surgían sin fin, y a menudo eran irresolubles. Era un infierno. No tenía, obviamente, tiempo mate-rial para ir a ver las pinturas rupestres de Tanzania o para visitar los parques de Kenia. Yo tenía que ocuparme de política, de economía, de guerras. Quería ver África, admiraba su belleza, pero me vi obligado a trabajar en ella para tener la posibilidad de conocerla. No podía costearme viajes a África.

No me era posible, ni siquiera, ser un *free-lance*. Un periodista polaco no podía tener tal oportunidad. Por eso, a diferencia de Moravia, en mis libros sólo he podido hablar del África de los golpes de estado, de las guerras, de los grandes líderes políticos. Ahora tengo más tiempo y puedo permitirme otras cosas: en mi último libro aparece la naturaleza de África, su cultura, sus grandes entornos.

Pero siempre con una atención particular por el hombre, por sus relaciones con esa extraordinaria naturaleza.

A.S.: ¿A qué país iría hoy?

R.K.: A Argelia. Un país muy peculiar. No es un clásico país africano, sin duda alguna. Si lo miramos en un mapa geográfico, aparece como un país inmenso. Es pequeño, en cambio, si pensamos que el 95 % de su población vive en las costas del Mediterráneo. Francia se obstinó en considerarla como un territorio metropolitano. Esto fue un elemento decisivo: la colonización francesa quería poblar Argelia. Era el contrario exacto del colonialismo inglés: Londres pretendía controlar sus propias colonias con el mínimo indispensable de hombres. Sólo los administradores emigraban hacia las colonias británicas. Podía vivir en ellas sólo quien tuviera una buena razón para estar allí. Londres intentó controlar un país gigantesco como Nigeria con un reducido pelotón de doce funcionarios. Argelia, por el contrario, estaba cerca de las costas francesas y es un país bellísimo, rico, con grandes reservas de petróleo. Los franceses se trasladaron a millares. Eran campesinos y se convirtieron en propietarios de latifundios. Llegaron incluso los grandes agricultores y se apropiaron de las tierras de los argelinos. Las tensiones sociales y políticas fueron inevitables. Precedieron incluso a toda aspiración independentista. Por eso la lucha por la libertad de Argelia fue tan dura, por eso la guerra anticolonial fue tan feroz. En la lucha de liberación argelina cayeron un millón de personas. Más que en cualquier otro conflicto africano. Fue una verdadera guerra: el Frente de Liberación Nacional estaba bien armado. No fue una guerrilla clásica, sino un durísimo enfrentamiento entre dos ejércitos.

En las ciudades argelinas se respiraba una atmósfera francesa. Argel y Orán eran ciudades con fortísimas influencias francesas. Los bares, los cafés, el urbanismo reflejaban la colonización francesa. Tras la independencia, los militares argelinos intentaron borrar esa atmósfera. Querían el control absoluto sobre el país. Todos los colonos franceses, un millón de personas, tuvieron que marcharse de allí. No fue una operación indolora: fue otro verdadero conflicto, una nueva guerra. Argelia siempre ha sido un país excesivo: la lucha anticolonial fue terrible; el ejército argelino, surgido tras la independencia, tenía un poder desmesurado y eran las fuerzas armadas más potentes de aquella parte del mundo. El islamismo radical encontró un campo abonado en Argelia, donde se desarrolló con gran ímpetu sobre todo en los años setenta. El choque entre el ejército y los fundamentalistas fue inevitable: los militares estaban asustados por su creciente fuerza.

El resultado de las elecciones de 1991[1] era inaceptable para el ejército: habían perdido y temían también perder el control del país. El enfrentamiento de estos años ha sido despiadado. Sólo hoy, después de casi diez años de masacres, pueden intuirse vías de solución. El nuevo presidente, Abdelaziz Bouteflika,[2] es un político óptimo. Lo conocí cuando era ministro de Asuntos Exteriores en los años sesenta. Ya por entonces era un hombre hábil. Pero la suya es una misión difícil. Se requiere tiempo. La pacificación será un proceso lento. Incluso porque hay algo en Argelia que hace que todas las cosas sean muy complicadas. El símbolo de este país es la *kasbah:* callejones estrechísimos, calles angostas, una maraña de escalones. Un laberinto en el que es fácil entrar y del que es difícil salir. Eso es: Argelia

---

1. En diciembre de 1991, el Frente Islámico de Salvación (FIS) ganó la primera vuelta de las elecciones legislativas. La situación del país, ya desde hacía algunos meses, era muy tensa. En la víspera de la segunda vuelta, en enero de 1992, las elecciones fueron suspendidas y la primera vuelta, anulada. En marzo, el FIS fue declarado ilegal.

2. Abdelaziz Bouteflika, ex ministro de Asuntos Exteriores en los primeros gobiernos argelinos, ganó las elecciones presidenciales de 1999. Inmediatamente después, promulgó una ley sobre la «Concordia Civil», posteriormente aprobada en referéndum. Se trata de una medida que concede la amnistía a los islamistas implicados, desde 1991, en la guerra civil que ha ensangrentado Argelia.

es un lugar complejo, nadie puede asegurar que lo conoce completamente.

A.S.: En el otro extremo del continente hay otro país peculiar, Sudáfrica.

R.K.: Sudáfrica es un milagro. El conflicto social y racial fue profundísimo, y es una de las heridas más grandes de África. Un país inmenso con una amalgama étnica inextricable: blancos, negros, mestizos, asiáticos. Una complejidad social enorme. Estuve allí en los meses inmediatamente posteriores al final del régimen de *apartheid:* los terratenientes blancos estaban armados, tenían ametralladoras escondidas en sus casas. Esperaban el estallido de la guerra civil. Querían defender sus intereses feudales. Sus latifundios eran verdaderamente reinos medievales y esa gente temía de verdad perder su poder y sus riquezas. Incluso parecía inevitable el choque entre los zulúes y los ksosas, las dos etnias negras mayoritarias del país. Mandela hizo el milagro. No estalló ninguna guerra civil y el poder político pasó a manos de los negros. Es un caso casi único en la historia: una sola persona, extraordinaria, Nelson Mandela, consigue llevar a cabo una empresa que está más allá de la imaginación.

Pero Sudáfrica es un país que debe afrontar problemas gigantescos. La criminalidad predomina en gran parte del territorio y se hace fuerte en las ciudades. Los equilibrios sociales son precarios y el riesgo de una guerra civil no ha desaparecido del todo. La transición será todavía larga: las contradicciones, en Sudáfrica, son lacerantes. Los blancos conservan todavía sus grandes riquezas, viven prósperamente en barrios lujosos. Mientras tanto, una multitud de negros están confinados en barriadas de chabolas obscenas, en horribles poblados de barracas, los peores lugares que he visto en el mundo. Un sociólogo me explicó que durante sus clases los estudiantes se dormían. Indagó sobre esos sueños repentinos y descubrió que la mayor parte de aquellos muchachos procedía de los arrabales de Johannesburgo. En su casa no podían dormir: se amontonaban unos treinta en una chabola con una sola habitación. Ésta no es vida. Sudáfrica es un país espléndido, pero son muchas sus contradicciones. Y hasta que no sean eliminadas, la posibilidad de nuevas oleadas de violencia siempre será algo real. Ahora la paz y la esperanza, gracias a este verdadero milagro, han triunfado. Los blancos no han huido. Pocos, poquísimos, se han marchado. Mandela, con su excepcional historia, es uno de los padres de África.

El relato en un diente de ajo

John Berger, nacido en Londres en 1926, es autor de novelas, relatos, ensayos, poemas, guiones y textos dramáticos en varias lenguas, así como de una abundante producción como dibujante y autor de documentales. De sus obras, se han publicado en español, entre otras, las novelas y relatos *G.*, *Hacia la boda*, *King*, *Fotocopias*, *Lila y Flag*, *Puerca tierra*, *Una vez en Europa* (todas ellas en Alfaguara); los ensayos *Mirar*, *Modos de ver* (ambos editados por Gustavo Gili), *El sentido de la vista* (Alianza Editorial), *Algunos pasos hacia una pequeña teoría de lo visible*, *Tiziano: Ninfa y pastor* (ambos en Árdora), *Durero* (Taschen), y los poemas de *Páginas de una herida* (A. Machado).

Berger, que es uno de los más grandes e innovadores críticos de arte de este siglo, colabora en varias publicaciones internacionales, como *Frankfurter Rundschau*, *El País* y *The Guardian*.

Hace más de veinticinco años, fijó su residencia en un pequeño pueblo de los Alpes franceses.

John Berger: Ryszard Kapuściński es un viajero genial y probablemente conoce el mundo más que cualquier otra persona. A través de sus escritos, nos ofrece la posibilidad de seguirlo en sus viajes y en sus observaciones. De vez en cuando, mientras escribe, se detiene, levanta la vista al cielo y dice algo de carácter más general. Para empezar esta velada, quisiera leer una frase extraída de uno de sus libros, un fragmento en el que Ryszard interrumpe de pronto su relato, por un instante deja de observar a la gente y dice:

«Del mismo modo que Colón vivía en una época de grandes descubrimientos geográficos, en la que cada expedición modificaba el cuadro del mundo, hoy nosotros atravesamos una época de grandes descubrimientos políticos, en la que revelaciones siempre nuevas cambian incesantemente el cuadro de lo contemporáneo», a saber, lo que significa estar vivos hoy en día.

Me gustaría utilizar esta cita como tema de esta jornada: al menos para empezar, hablaremos de la relación entre historias –escribir, si os parece, literatura, o en otras palabras, relatos impresos– y experiencia vivida. ¿En qué consiste esta relación? Es algo muy misterioso.

Tengo una hija, Katia, que se casó con un griego y vive en Atenas. Hace cinco días recibí una carta suya en que me explicaba una breve historia. También en Grecia hubo una riada, como en Italia, aunque de dimensiones más modestas. Pero antes de la riada, dice Katia en su carta, Atenas fue el teatro de otra tragedia, mucho más íntima, de entidad mucho menor, una tragedia que no encontró su espacio en la prensa internacional. El conductor del autobús de la línea 222, que mi hija coge cada mañana para ir a trabajar, perdió el control y el vehículo, después de haber ido dando bandazos hasta el otro lado de la calle, embistió a un grupo de personas que esperaban en la parada, principalmente estudiantes que se dirigían a la universidad. Nueve de ellos resultaron muertos, aplastados por el autobús, y muchos otros sufrieron heridas, algunos de gravedad, y fueron trasladados al hospital. Al día siguiente, Katia cogió el autobús 222, bajó en la parada de siempre, aquella en la que había ocurrido el accidente, y vio a un grupo de tres o cuatrocientos ancianos que hablaban apasionadamente y con gran excitación, la clase de personas que se ven habitualmente sentadas en un bar, jugando a cartas o al *backgammon*. Pero esa mañana estaban todos en la calle. Mi hija pensó que se estaba celebrando alguna asamblea o una especie de manifestación, quizá por los recortes en las pensiones. En cambio, se trataba de algo muy distinto: aquellas trescientas o cuatrocientas personas estaban reunidas para discutir y comentar el accidente del día anterior. Uno de ellos decía: «Fue aquí donde perdió el control y embistió a aquel viejo.» Y otro contestaba: «No, es imposible, porque si aquel viejo hubiera estado aquí, no se habría roto las piernas. Que Dios lo proteja y se apiade de su alma: ahora está en el hospital, tal vez a punto de morir.» La discusión siguió largo rato. Mi hija se quedó allí durante una hora, luego tuvo que marcharse para ir a su trabajo. Al día siguiente, cuando Katia bajó del autobús, había un grupo más reducido, pero seguían siendo un centenar de personas las que continuaban discutiendo. Y la carta sigue así: cuando la gente habla de Atenas como la cuna de la democracia, me dan ganas de vomitar. No es más que retórica y nadie comprende lo que de verdad pasa en Atenas o en Grecia. Pero los atenienses tienen una característica: la capacidad de comentar los sucesos, de criticarlos, de darles un significado y de extraer conclusiones que, por lo general, comenta Katia, son olvidadas inmediatamente. De repente, me di cuenta, continúa Katia, de que aquellos hombres eran el coro de una tragedia griega, que actuaban exactamente del mismo modo.

Esta historia, ocurrida realmente hace un par de semanas, nos dice algo sobre la misteriosa relación que une a la experiencia vivida y la literatura.

Tal vez ha llegado ya el momento de hacer distinciones entre relatos e incluso abolir, al menos por el momento, la palabra *«fiction»*. La *fiction* se inventó en el siglo XIX, cuando la gente pasaba largas veladas junto al fuego, empleando su tiempo en leer el mundo. Antes del siglo XIX, la vida era más sedentaria, menos sujeta a los cambios y menos segura. En aquel tiempo, se relataban y se repetían tantas historias que, sin embargo, no eran consideradas *fiction*. Éstas, precisamente porque eran relatadas y repetidas, eran una mezcla de hechos y de leyendas. Y las leyendas no eran menos importantes que los hechos. Lo que escribía Homero ¿era *fiction?* Sería imposible responder a esta pregunta, porque la palabra *fiction* es demasiado reductiva, cuando de lo que se trata es de dar un nombre a las cosas en el momento en que se originan, en el momento de su fundación.

Hoy los cambios se suceden cada vez más rápidamente, frente a lo que ocurría en el siglo XIX. Como señala Ryszard, aunque «el escenario político gira a un ritmo mucho más rápido que el de nuestra existencia cotidiana», la vida material, la vida de cada día, para la mayor parte de la gente, no cambia casi nada, y si cambia algo, casi siempre es a peor.[1] Sin embargo, asistimos a enormes cambios en el campo de la tecnología, y en la esfera de la política, los cambios aparecen muy dramatizados. La información se ha convertido en un bombardeo continuo. Los viajes, se hagan por placer o por necesidades económicas, como en el caso de la emigración, se han convertido en un lugar común. El mundo se ha convertido, por tanto, en algo inmenso. Y, sin embargo, ya no podemos sentirlo como nuestra casa. Esto significa que los relatos se vuelven extraños. La imaginación ha ocupado su lugar. Las sensaciones han sustituido al sentido del destino, que constituye la parte esencial de un relato. Quizás, hoy en día, gracias a la calidad esencial de la voz humana que canta, que grita todo su dolor, la forma narrativa popular más vital y genuina es la música rock.

Sin embargo, sigue produciéndose *fiction*, pero, por regla general, hay algo que no funciona, porque las palabras y las expresiones son demasiado grandes y demasiado cercanas a nosotros, y lo que está más allá de ellas, muy a menudo, en realidad, carece de cuerpo. Mientras que cualquier historia, en su significado más profundo, es algo que le su-

---

1. *El Imperio, op. cit.,* pág. 341. [No literal.]

cede a los cuerpos: hombres, mujeres, caballos, incluso naves, que son como cuerpos. La diferencia que separa a la información de las historias verdaderas, las historias que les suceden a los cuerpos, está en la perspectiva, en la óptica de los hechos. La cuestión radica en cómo se narra una historia. A propósito de esto, quisiera leeros un breve párrafo de una historia, escrita por Ryszard:

«Conocí a un hombre que había pasado diez años de su vida en un *lager* por haber recibido la orden de colocar un pesado busto de Lenin en una sala de recreo que estaba en un primer piso. Como la puerta era demasiado estrecha, el pobre desgraciado decidió entrar el busto por el balcón, para lo cual rodeó el cuello del autor de *Materialismo y empirocriticismo* con una gruesa soga. Aún no le había dado tiempo de quitar el lazo cuando ya lo habían arrojado al fondo de una mazmorra.»[1]

Esto es un relato, no una noticia. Pero para observar lo que es físico, para observar la esencia de los relatos, es necesario que el cuerpo propio y verdadero del narrador se encuentre en el lugar de los hechos o en las inmediatas cercanías. No se pueden realizar observaciones sobre una pantalla. Todo lo más que permite una pantalla es leer.

Ryszard Kapuściński es un corresponsal en el extranjero, un periodista, un viajero. No forma par-

---

1. *El Imperio, op. cit.,* pág. 297.

te de los autores de *fiction*, pero es uno de los grandes narradores de nuestro tiempo. Aparte de su cultura y de su corazón, es un gran narrador porque se encuentra en el lugar de los hechos con su cuerpo, y muestra lo que les sucede a otros cuerpos. En sus relatos se encuentran los sabores, el aliento que respira tras las palabras, el miedo, el cansancio, la vejez, el recuerdo de una madre. Ninguno de ellos aparece en las noticias. De todo este material físico nace una esencia: el sentido del destino. A menudo lo expresa con una pregunta que exige ser formulada, a pesar de que no pueda encontrar respuesta.

«Junto al mismo camino –sólo hay que bajar hasta el fondo de una abismal hendidura entre dos abruptas laderas de la montaña–, se levanta el monasterio de Debre Libanos. En el interior de la iglesia hace frío y reina la oscuridad. Después de las horas pasadas en un coche inundado por la cegadora luz del sol, la vista tarda mucho en acostumbrarse a un lugar semejante y que en un primer momento parece sumido en la oscuridad más absoluta. Al cabo de un rato se distinguen unos frescos en las paredes y también se ve que en el suelo, cubierto por esteras, yacen, boca abajo, unos peregrinos etíopes vestidos de blanco. En uno de los rincones, con voz soñolienta y que se apaga por momentos, un monje viejo canta un salmo en ge'ez, lengua hoy ya muerta. En esta atmósfera de recogimiento místico y silencioso, todo parece estar más allá del tiempo, de la medida y de la gravedad; más allá del ser.

»No se sabe cuánto llevan esos peregrinos en el monasterio: a lo largo del día he salido y entrado en él varias veces y ellos seguían allí, inmóviles sobre sus esteras.

»¿Un día? ¿Un mes? ¿Un año? ¿La eternidad?»[1]

Éste es el tipo de pregunta que no tiene respuesta y que evoca el destino.

Pero ¿por qué es necesario relatar historias como ésta? ¿Por qué relatamos historias? ¿Para pasar el rato? A veces. ¿Para informar? ¿Para decir algo que no ha sido dicho todavía? Sí, a veces, sólo para ganarnos el pan de cada día o para hacer que la gente entienda lo afortunada que es, dado que hoy la mayor parte de los relatos son trágicos. A veces parece que el relato tenga una voluntad propia, la voluntad de ser repetido, de encontrar un oído, un compañero. Como los camellos cruzan el desierto, así los relatos cruzan la soledad de la vida, ofreciendo hospitalidad al oyente, o buscándola. Lo contrario de un relato no es el silencio o la meditación, sino el olvido. Siempre, siempre, desde el principio, la vida ha jugado con el absurdo. Y dado que el absurdo es el dueño de la baraja y del casino, la vida no puede hacer otra cosa que perder. Y, sin embar-

---

1. *Ébano, op. cit.,* pág. 245.

go, el hombre lleva a cabo acciones, a menudo valientes. Entre las menos valientes, y no obstante, eficaces, está el acto de narrar. Estos actos desafían el absurdo y lo absurdo. ¿En qué consiste el acto de narrar? Me parece que es una permanente acción en la retaguardia contra la permanente victoria de la vulgaridad y de la estupidez. Los relatos son una declaración permanente de quien vive en un mundo sordo. Y esto no cambia. Siempre ha sido así. Pero hay otra cosa que no cambia, y es el hecho de que, de vez en cuando, ocurren milagros. Y nosotros conocemos los milagros gracias a los relatos.

Con esto quisiera situar lo que estamos haciendo o intentando hacer en un contexto actual e, incluso, en la historia. Una vez hecho esto, ya podemos hablar con mucha más precisión del lado práctico de los relatos, del escribir, del leer, de las diferentes formas de situarse, de observar. Pero quería hacer estas observaciones para demostrar que tal vez el tema de esta velada es importante.

Ryszard Kapuściński: John es una gran figura de la literatura y para mí en particular tiene un significado muy especial. Aunque me haya reunido con él, físicamente, por primera vez ayer por la noche, conocía sus escritos desde hace mucho tiempo. John ha creado grandes poemas y literatura, ha escrito prosas maravillosas, pero una parte de sus escritos ha tenido una importancia particular para mí, porque me ha enseñado a mirar el arte, la vida y la fotografía con una disposición activa. Yo soy fotógrafo, pero mi forma de hacer fotografías es muy instintiva. Cuando, hace años, compré en Filadelfia su ensayo *Mirar*, me quedé fascinado, sobre todo por su interpretación de la fotografía y de lo que se encuentra en las fotografías. Generalmente, ignoramos las fotografías. Vemos decenas de ellas cada día. Y no nos damos cuenta de que para comprender las fotografías y la literatura, es necesaria una participación activa. No se pueden comprender las fotografías si uno no se pone como creador activo. Cada fotografía y cada relato necesita dos componentes: el que ha realizado la fotografía, ha pintado un cuadro, ha escrito un relato y, al mismo tiempo, el que observa o lee activamente. Sin éste último, el arte no puede existir, por cuanto el arte es un proceso bilateral. A veces se habla de la crisis de la literatura, y ésta está determinada no por la crisis de los escritores, sino por la crisis de los lectores. Si el lector no se pone al nivel de la gran literatura, la gran literatura no puede existir. Ésta es la lección que aprendí en la filosofía de John Berger, una lección que me tomé muy a pecho para comprender el mundo. De todos modos, mientras se dé una participación tan numerosa en una velada como la de hoy, la literatura y el arte no podrán morir. La literatura sigue viva todavía porque todos somos creadores. Cada vez más, nos encontramos ante el hecho de que cada obra de arte, cada obra literaria es una creación colectiva. En tiempos de Herodoto o de Tucídides, era posible que aparecieran individualidades únicas como las suyas porque trabajaban en un campo vacío. Pero todos nosotros tenemos una mente y una imaginación cada vez más creativas, porque leemos mucho antes de escribir, vemos mucho antes de pintar.

En nuestra mente existe una inmensa interacción entre lo que a veces es percibido de forma inconsciente –e influye sin embargo en nuestra fantasía–, nuestro modo de observar el mundo y nuestra creatividad, hasta el punto en que cada vez se hace más difícil trazar una línea que delimite lo que nos pertenece y lo que pertenece a la imaginación, a los descubrimientos y a las creaciones de los demás. Estamos llegando a una situación en que el acto de creación es una conquista colectiva, que llevará el nombre de alguien, pero en el que encontramos cada vez con mayor frecuencia la participación de los demás. En este sentido, creo que debemos ser muy modestos, porque es bastante difícil determinar qué hemos realizado con nuestras fuerzas y cuál ha sido la contribución de los demás. El arte y la literatura contemporáneos requieren por tanto la participación activa de los otros. Cualquiera que tenga la posibilidad de leer a John Berger, descubrirá cuánta actividad mental, cuánta participación activa se contiene en una obra de arte, una fotografía, una obra literaria aparentemente sencilla. De esta manera, cada obra de arte, así como cada fotografía u obra literaria, nos pertenece a todos cada vez más. El arte se está haciendo cada vez más comunitario, y los escritos de John Berger están centrados precisamente en este aspecto del arte creativo.

J.B.: Quizá la palabra apropiada sea atención.

R.K.: ¿Concentración?

J.B.: Sí, la concentración necesaria para prestar atención. Está claro que yo no puedo dedicar mi atención a todas las fotografías que veo, pero si una fotografía me habla, por una u otra razón, o parece a punto de hablarme, se trata tan sólo de prestar atención a esa fotografía y sólo a esa fotografía, no a la técnica fotográfica, no a la biografía del fotógrafo, sino a lo que veo en esa fotografía. Se tendría que prestar la misma atención cuando somos testigos de alguna experiencia vivida por otra persona o cuando alguien nos habla. Si prestamos atención, es posible que esa experiencia nos sea transmitida, es posible que esa experiencia le sea transmitida al narrador, al escritor y, luego, a través de la atención del lector, vuelva a la vida. Viene de la vida, entra en el circuito de la fotografía, de la escucha, de la observación, de la página, y luego regresa de nuevo a la vida. Si éste es el ciclo, el papel del narrador se convierte en el del portador que traslada algo desde un punto hasta otro. Si no nos resistimos a la tentación de no ser modestos, perdemos la capacidad de prestar atención.

R.K.: Me di cuenta de que no tenía esta capacidad de atención leyendo una colección de ensayos de John Berger. En este texto, titulado *Mirar*, aparece una fotografía de August Sander, que tuve que mirar y volver a mirar muchas veces. Es el retrato de tres jóvenes campesinos húngaros, vestidos con trajes modernos, de ciudad, que tal vez iban a una fiesta. La fotografía es banal, no hay nada de dramático en ella: no hay sangre, ninguna violencia. Se trata de una fotografía muy simple y natural. Y resulta que Berger escribe un ensayo increíble –que Foucault desarrolló años después– sobre la relación entre el cuerpo y el traje y sobre la indumentaria como expresión de la cultura. El ensayo está centrado en cómo el cuerpo del campesino, dedicado al trabajo en el campo, inmerso en la naturaleza, no es adecuado para los trajes urbanos, en lo artificial que era aquella situación. Y de este punto nace toda una maravillosa teoría sobre la relación entre indumentaria y cuerpo, entre cultura urbana y campesina. Este breve texto, de dos o tres páginas, es una lección sobre cuánto podemos aprender del detalle más banal cuando participamos activamente en su interpretación, sobre cuánto podemos aprender cuando prestamos atención, sobre cómo esta atención es una especie de conocimiento, de comprensión de la cultura.

Maria Nadotti: Como me parece que lo que están diciendo Berger y Kapuściński –dos personajes sin duda extraordinarios que, al reunirse por primera vez, sólo podían decirse cosas hermosísimas y estar de acuerdo– es un poco idílico, quisiera que pisaran de nuevo el suelo de la realidad contemporánea, que no es una realidad hecha de atención. Quisiera por tanto citar una observación de uno de los últimos libritos de Enzensberger, *Perspectivas de guerra civil:*

«No cabe duda de que nos hemos convertido en meros espectadores. Esto es lo que nos diferencia de las generaciones anteriores, que, cuando no eran personalmente víctimas, autores o testigos oculares, sólo se enteraban de las tropelías a través de rumores, de leyendas blancas o negras. Lo que ocurría en otra parte sólo se conocía de oídas. Todavía hacia mediados de nuestro siglo la opinión pública sabía poco o nada de los mayores crímenes de la época. Hitler y Stalin hicieron todo lo posible para mantenerlos en secreto. El genocidio era alto secreto de Estado. Y es que en los campos de exterminio no había cámaras de televisión. Hoy, por el contrario, los asesinos se muestran dispuestos a ser entrevistados, y los medios de comunicación se sienten satisfechos de poder asistir a la matanza. La guerra civil se convierte así en una serie televisiva. [...] Los reporteros aseguran que no hacen sino cumplir con su obligación de informar; nos muestran sin contemplaciones lo ocurrido, y el comentarista añade la indignación imprescindible. Pero a esta acusación se le suma inevitablemente un mensaje diferente, subliminal. Viene a decir que el horror es lo usual...»

Entonces, ¿qué es lo que pasa?, se pregunta Enzensberger: nosotros, por las imágenes, por el terror de las imágenes, de los relatos de la realidad, somos transformados en una de estas dos posibles cosas: terroristas o *voyeurs*. «Cada uno de nosotros está expuesto a un chantaje permanente. Porque sólo aquel que se ve obligado a ser testigo ocular puede ser el destinatario del reproche de qué piensa hacer contra las tropelías que se le muestran. Y por esta vía el más corrupto de todos los medios de comunicación, la televisión, se erige en instancia moral.»[1]

J.B.: No estoy plenamente de acuerdo. Ryszard escribe de catástrofes que suceden en todo el mundo. Sus libros no son, en absoluto, idílicos. Son li-

---

1. Hans Magnus Enzensberger, *Perspectivas de guerra civil*, trad. de Michael Faber-Kaiser, Anagrama, Barcelona, 1994, págs. 67-68.

bros que nos traen *a casa* malas noticias. Siempre. Yo me he pasado los últimos quince años escribiendo sobre la trágica desaparición de los campesinos de todo el mundo. He dedicado los últimos tres años de mi vida a escribir una novela sobre el sida, *Hacia la boda*. No me parece que haya propuesto una visión idílica del mundo. Esto es de lo último que podemos ser acusados tanto Ryszard como yo. El libro de Enzensberger, que por otro lado, es un gran poeta, es, francamente, una locura. Hans Magnus es un buen chico y es una lástima que se haya dejado llevar por semejante paranoia. Naturalmente, existen esas dos posibilidades. Es absolutamente cierto que frente a lo que Enzensberger llama información, frente a la pantalla televisiva –pero esto es sólo un modo de hacer información–, frente a los medios de comunicación, sólo pueden adoptarse dos posibilidades: ser un *voyeur* o lo que él define como terrorista. No estoy seguro de lo que en verdad pretende con esta definición, quizás un cómplice. Pero existen otras posibilidades si no se considera únicamente la información que se recibe a través de los medios. Cuando Ryszard y yo hablamos de atención, es precisamente porque damos la espalda a la pantalla e intentamos regresar a la vida y es allí donde se requiere la atención. A veces es muy difícil dedicarle esta atención. No es una atención de carácter sentimental, de eso nada. Es la que los niños aprenden en los juegos, antes de que la escuela intervenga para hacer que desaparezca. Para recibir algo, es necesario prestar nuestra propia atención.

R.K.: No puedo manifestarme tan decididamente en contra de Enzensberger porque es mi editor, pero estoy de acuerdo con John en el hecho de que Hans Magnus, siendo un gran poeta, adopta una posición más bien paradójica en sus ensayos y especialmente en este libro. Le gusta llevar sus argumentaciones hasta el límite para provocar precisamente el tipo de respuesta que hemos escuchado ahora. Hace algunos años, Francis Fukuyama, el politólogo americano, escribió un ensayo sobre el final de la historia. Se trataba de una típica provocación intelectual encaminada a provocar respuestas, como la de que la historia no ha llegado aún a su término, sino que se encuentra más bien en sus inicios. La cuestión es que empieza la historia de otros. Naturalmente, ésta también es una afirmación extremista, paradójica y provocativa. Se nos proponen estas dos posiciones extremas, pero verdaderamente la vida no está en los extremos. La vida y, por tanto, la realidad del mundo, están en el medio, no en los extremos.

En mi opinión, la desaparición del mundo campesino del globo es una de las más grandes paradojas del mundo contemporáneo, porque producimos una cantidad de comida cada vez menor en proporción a una población en continuo crecimiento. La liquidación del mundo campesino, que es un fenómeno social y económico a escala mundial, consiste en un acto suicida global. Mi especialidad es África y puedo decir que se trata de un proceso típicamente suicida al que la humanidad se abandona algunas veces: el continente que tiene cada vez menos comida y cada vez más habitantes está liquidando la clase campesina y lo está haciendo muy rápidamente. En la práctica, una gran parte de la humanidad vive de las ayudas; y con estas ayudas que estamos enviando a Ruanda y a otros países estamos creando una situación trágica: una clase parásita de refugiados a escala mundial, que son alejados de sus pueblos, de sus campos, de su ganado, internados en campos de refugiados y alimentados por organizaciones mundiales –algunas de las cuales están completamente corruptas– a las que va a parar nuestro dinero, nuestros impuestos. Estamos creando una clase de millones y millones de personas, los llamados refugiados, que consiguen sobrevivir sólo si las ayudas siguen llegando, porque son incapaces de volver a casa y de producir, dado que han dejado ya de aprender el arte de la producción. Esta clase de parásitos, que cuenta ya con cuarenta o cincuenta millones de seres humanos, sigue creciendo, cada año y con cada guerra. Nos encontramos cada vez más enmarañados en este círculo vicioso que ha provocado, por ejemplo, en torno a las ciudades africanas, campos de refugiados cuyos habitantes son cada vez más numerosos y sobreviven sólo gracias a las ayudas de los países industrializados. Son incapaces de emprender una vida distinta porque están acostumbrados a recibir estas ayudas y a depender de ellas pasivamente. He visitado estos campos bastante a menudo. Estuve en los campos de refugiados en la frontera entre Etiopía y Somalia precisamente el año pasado, donde viven trescientas mil o quinientas mil personas. Cada una de ellas recibe tres litros de agua para todo, para cocinar, beber y lavarse, y medio kilo de maíz. Y viven con esto. El agua es transportada por ochenta y dos cisternas Mercedes y, si las carreteras están cortadas o no hay gasolina, el agua no llega al campo y la gente muere al día siguiente. Estamos creando, mediante este alocado mecanismo de las denominadas organizaciones humanitarias, un problema inmenso para la humanidad, liquidando la clase campesina y haciendo a la humanidad cada vez más dependiente de la burocracia de las denominadas organizaciones humanitarias. Lo que dice John sobre la defensa del mundo rural significa que si seguimos liquidando la clase campesina, muy pronto nos encontraremos ante una situación trágica.

Posiblemente, John está preocupado por el hecho de que la gente conozca el mundo cada vez más a través de las imágenes ofrecidas por los medios de comunicación. Por primera vez en la historia de la humanidad, en la segunda mitad del siglo XX hemos empezado a vivir no una, sino dos historias. Durante cinco mil o siete mil años de historia escrita, hemos vivido una sola historia, la que hemos creado y en la que hemos participado. Pero desde el desarrollo de los medios de comunicación en la segunda mitad del siglo XX, estamos viviendo dos historias distintas: la de verdad y la creada por los medios. La paradoja, el drama y el peligro están en el hecho de que conocemos cada vez más la historia creada por los medios de comunicación y no la de verdad. Por ello, nuestro conocimiento de la historia no se refiere a la historia real, sino a la creada por los medios. Soy muy consciente de ello porque trabajo en el mundo de la información. Colaboro con equipos de televisión y sé cómo trabajan. Me acuerdo, por ejemplo, de que en Moscú, durante el golpe de Estado de 1991, los trabajadores de televisión, después de algunos días, ya estaban cansados: hacía un tiempo horrible, llovía, hacía frío. Cuando ocurría algún hecho importante, los equipos se reunían, se ponían a beber vodka o lo que fuera y acordaban no contar nada. Y si los acontecimientos no aparecían en televisión, era como si nunca hubieran ocurrido. Esos buenos chicos decidían si la historia sucedía o no sucedía.

Todos nosotros somos testigos de esta situación. Antes, la profesión de periodista era un trabajo de especialistas. Había un limitado grupo de periodistas especializados en algún campo en concreto. Ahora la situación ha cambiado por completo: no existen especialistas en ningún campo. El periodista es simplemente uno al que trasladan de un lugar a otro, según las exigencias de la cadena televisiva. Pero más importante que esto es que los medios de comunicación, la televisión, la radio, están interesados no en reproducir lo que sucede, sino en ganar a la competencia. En consecuencia, los medios de comunicación crean su propio mundo y ese mundo suyo se convierte en más importante que el real. Asistimos, entonces, a este fenómeno de los desplazamientos en masa de los medios. Si hay una crisis en el Golfo Pérsico, todos van al Golfo Pérsico. Si hay un golpe de Estado en Moscú, todos van a Moscú. Si hay una tragedia en Ruanda, todos van a Ruanda. Al mismo tiempo que la tragedia de Ruanda, sucedieron en África tres o cuatro acontecimientos muy importantes, a los que no se les prestó la más mínima atención, porque todos estaban en Ruanda. La tragedia de Ruanda fue presentada como la tragedia africana, como la tumba de África, la muerte de África. Nadie señaló que Ruanda es una nación muy pequeña, cuyos habitantes ascienden a menos del uno por ciento de la población africana. Pero los que fueron enviados a Ruanda, dado que no conocen nada de África, estaban plenamente convencidos de que aquello era África. Por tanto nos encontramos en un mundo que ha perdido todo criterio, toda proporción, en el que son los medios de comunicación los que crean la historia. En el siglo XXI, dentro de cincuenta años, el historiador que estudie nuestro tiempo se verá obligado a mirar millones de kilómetros de grabaciones televisivas para intentar comprender las migraciones, los genocidios, las guerras, y sacará la idea de un mundo enloquecido en el que todos disparaban contra todos, mientras que sabemos muy bien que vivimos en un mundo relativamente pacífico, si tenemos en cuenta el hecho de que en nuestro planeta viven casi seis mil millones de personas, que hablan dos mil o tres mil lenguas diferentes, con intereses innumerables. Pero el historiador del siglo XXI tendrá una visión de nuestro mundo completamente distinta, llena de tragedias, de dramas, de problemas.

M.N.: ¿A qué se debe, John, que tú busques tus relatos cerca de casa, mientras que Ryszard va muy lejos? Quisiera citar a Walter Benjamin, quien señala que los relatos nacen de dos tipos distintos de narrador: uno es el que tiene que viajar lejos de casa para encontrar hechos y relatos, el viajante de comercio, el marino; el otro el campesino, el que se queda en casa recogiendo recuerdos y transmitiéndolos.[1]

---

1. *Vid.* Walter Benjamin, «El narrador», en *Para una crítica de la violencia y otros ensayos (Iluminaciones IV)*, trad. de R. Blatt, Taurus, Madrid, 1998, págs. 112-113.

En cierto sentido, John es el campesino, mientras que Ryszard es el marinero. ¿Se trata siempre de una elección psicológica y personal? Ambos os interesáis por un tipo de relato útil para el resto del mundo. Entonces, ¿por qué John busca esta utilidad cerca de casa y en el pasado, en el recuerdo de los campesinos que están desapareciendo, mientras que Ryszard encuentra esta utilidad lejos de casa y en personas completamente distintas a sus lectores? ¿Estáis de acuerdo en el hecho de que John es el campesino, que indaga en el pasado para explicar el presente, mientras que Ryszard es el marinero o el mercader que viaja lejos de casa para describir el presente y quizá para predecir el futuro?

J.B.: Es una pregunta y una observación muy interesantes. Quizá la diferencia no sea tan grande. Es un poco presuntuoso decir esto delante de Ryszard, pero me parece muy importante: tal vez Ryszard empezó a viajar debido a la situación en Polonia y en Varsovia en el momento en que se convirtió en escritor. Fue un modo de mantenerse en condiciones de poder hablar de la vida, algo que no hubiera podido hacer si se hubiera quedado en Varsovia. Quizá las razones no vayan unidas a la genética, al carácter, sino a las circunstancias históricas.

Por lo que a mí respecta, durante quince años he escrito sobre el mundo rural. Los campesinos hablan siempre del pasado, a veces hasta en exceso, pero lo hacen para encontrar las mejores soluciones a problemas verdaderos, a peligros absolutamente imprevisibles que deben afrontar cultivando la tierra o cuidando el ganado. Por tanto, observan el pasado como otros consultan los diccionarios o las enciclopedias. ¿A qué se debe que haya decidido relatar el mundo de los campesinos? Aunque sea extraño, es un ejemplo del modo en que los extremos opuestos se tocan. Hace veinte años, trabajaba junto a mi amigo, el fotógrafo Jean Mohr, sobre los emigrantes, sobre las migraciones, sobre los viajes, sobre el desarraigo, sobre el verse inmerso en otra cultura, en otro país. Ésta es una historia muy corriente en la Italia de hace unos años: gran parte de la literatura y del cine italianos se ocuparon de esta experiencia. De todas formas, para escribir ese libro teníamos que escuchar y ver con frecuencia a los emigrantes que llegaban desde los países más distintos –desde Portugal o Turquía hasta los del África del Norte–. Todos o casi todos estos hombres procedían de pueblecitos y, escuchándolos, lograba entender, al menos en parte, su experiencia de la gran ciudad y cómo habían llegado hasta ella. Lo que no lograba comprender, aunque me hablaran de ello, era lo que habían dejado a sus espaldas y con lo que a veces soñaban por las noches. Me avergonzaba de mí mismo porque en aquella época más de la mitad de la población mundial vivía en pueblos pequeños y yo, en cambio, que intentaba comprender algo del mundo moderno, me daba cuenta de que era, fundamentalmente, un ignorante y que mi ignorancia no podía subsanarse consultando las enciclopedias, las de verdad. De manera que me dije que tenía que aprender, ir al campo y aprender. No me era necesario aprender a escribir, sino aprender al menos una parte de la vida y de los conocimientos de los campesinos. Por tanto, mi elección de estar sólo en un sitio no tiene que ver con mi carácter, sino, de forma similar a lo que le ocurrió a Ryszard, con los temas sobre los que quería escribir. Naturalmente, en aquel tiempo mis amigos también me decían que era demasiado joven para jubilarme y, a pesar de mis protestas, siguieron pensando lo mismo. Para explicar el mundo rural, es fundamental conocer lo que saben los campesinos, comprender su instinto adquirido, su inmensa capacidad de observación y esa especie de sabiduría que poseen. Todo esto está siendo destruido, cuando el mundo necesita de ello. En su libro *El Imperio*, Ryszard, que escribe muchas veces sobre este crimen monstruoso, habla de la eliminación de los campesinos en el marco de la denominada colectivización de la tierra, especialmente en Ucrania: millones de campesinos desaparecieron, fueron exterminados. Hoy, en Moscú todo el mundo busca a los campesinos. ¿Pero cómo hacerlo? ¡Ojalá hubiera alguien, una sola persona, que nos dijera cómo actuar en esta catastrófica situación agrícola!

Volviendo un momento a mi caso, fue la elección de los temas lo que me condujo a llevar una existencia sedentaria, porque una de las características de los campesinos es que, si quieren seguir siendo campesinos, no pueden elegir el lugar en que vivir: éste ha sido ya elegido para ellos desde su nacimiento. Ésta es su forma de sedentarismo.

Quisiera añadir algo más a propósito del tema del que estábamos hablando antes, completando lo que Ryszard ya ha expuesto brillantemente sobre los medios de comunicación y el sentido histórico. Ese proceso se ve apoyado por otro cambio. Hace algunas semanas, un periodista inglés muy competente se encontraba en una escuela de enseñanza media en el norte de Inglaterra, una zona muy pobre actualmente, donde el paro es enorme. Le preguntaron a un chico de doce años qué quería hacer en el futuro y cómo pensaba que sería el mundo en el año 2015. El chico respondió que él, en cualquier caso, ya no iba a estar. Ésta es una demostración muy gráfica del modo en que el dominio mundial del mercado libre ha abolido el futuro. En los inicios del mercado libre, se hablaba de un nuevo orden en el mundo. Pero cada vez más nos vamos dando cuenta de que este nuevo orden mundial nos ofrece una perspectiva de algunos meses, o de algunos años, cinco años como mucho. Cinco años son casi una eternidad según los parámetros actuales. En consecuencia, si el futuro ha sido abolido en los pensamientos de la gente, es imposible ver o escribir la historia. El futuro es un eje absolutamente indispensable para escribir la historia. Si es abolido, la historia ya no existe. Este proceso, que tiene un gran valor filosófico, se funde perfectamente con las invenciones y las distorsiones de los acontecimientos contemporáneos por parte de los medios de comunicación, que sustituyen de este modo a la historia verdadera.

R.K.: Me gustaría añadir algunos datos estadísticos a la descripción del mundo rural, que es una de las pasiones de John. No estamos acostumbrados a pensar en la humanidad de principios del siglo XX como una realidad en gran parte campesina. Las ciudades eran escasas y muy distantes entre sí, concentradas principalmente en Europa y en Estados Unidos. La inmensa mayoría de los continentes no tenían ciudades o tenían muy pocas. Ahora, cien años después, a finales del siglo XX, nuestra sociedad es principalmente urbana. Por tanto, una de las grandes revoluciones acaecidas durante el siglo XX ha consistido en una de las más masivas migraciones desde los pueblos, desde las aldeas, desde el campo, en dirección a la ciudad. Hemos empezado a construir una cultura y una escala de valores completamente nuevas. Ahora la población urbana se rebela contra la gente del campo. Para volver al ejemplo de África, la burocracia actual de los estados africanos procede del campo y, sin embargo, ha establecido el régimen de explotación de aquellas tierras más despiadado que pueda encontrarse en cualquier parte del mundo. Esa gente, o sus hijos, se ha convertido en la clase que explota a las personas con las que comparte un mismo origen social.

Por lo que se refiere a la pregunta sobre el sedentarismo y sobre la elección del viaje, se pueden dar varias explicaciones de carácter político, de libertad, y otras muchas. Pero en la comunidad de los escritores, se puede hacer una división muy simple entre los escritores que encuentran su inspiración en sí mismos y los que deben ser inspirados por motivos externos. Existen caracteres reflexivos y caracteres que reflejan el mundo. Hay escritores como John, que poseen el don de la reflexión. Como ya se ha dicho, se puede ver todo el mundo sin abandonar nuestra habitación. Esto es típico de los caracteres reflexivos, que encuentran la inspiración en sí mismos, en el material que tienen en sí mismos, que debe ser animado, formulado y expresado. Éste es un tipo de literatura. En mi caso, por el contrario, yo reflejo el mundo: tengo que ir al lugar de los hechos para poder escribir. Quedándome en un único sitio, me muero, mientras que John crea. Es una cuestión muy personal, pero, en el fondo, lo que importa es el producto final.

J.B.: A lo mejor tenemos en común mucho más de lo que parece. Ayer por la noche, después de habernos visto en persona por primera vez, soñé con Ryszard. A veces los sueños son difíciles de interpretar, porque a menudo son pre-verbales y, por tanto, difíciles de explicar con palabras. Pero la situación del sueño era más o menos la siguiente. Había muchas mujeres ancianas. Yo era quien las observaba, pero no me encontraba en el centro. En medio de aquellas mujeres estaba Ryszard: todas hablaban con él, le contaban sus historias, aunque yo no consiguiera oírlas. Luego me di cuenta de que Ryszard buscaba algo en sus palabras, en sus voces, algo que era material y, en efecto, yo sabía de qué se trataba: Ryszard buscaba un diente de ajo. Con gran alivio por mi parte, encontró uno: lo tenía entre sus dedos. El diente de ajo se fue agrandando hasta que se convirtió en una habitación o una tienda, en la que estaba sentado Ryszard. En ese momento me desperté. Si pienso en este sueño, me doy cuenta de que hay una invitación a escuchar para encontrar luego una habitación para la historia, la habitación del relato, donde se entra para escribirlo. Esto sucede ya se escriba por la mañana o por la tarde, ya se viaje alrededor del mundo o se permanezca sentado bajo un árbol, como hago yo con un ciruelo, aunque las ciruelas este año no han sido buenas porque la primavera mató las flores.

M.N.: Quisiera saber qué uso hacéis del silencio en vuestro modo de escribir.

J.B.: Naturalmente, el silencio es absolutamente esencial: el arte de la narración depende de lo que se deja fuera de la misma. De otro modo, no existiría una historia, porque simplemente el mundo se saturaría de palabras. Es, por tanto, una cuestión de selección, de lo que se excluye, del espacio a veces entre las palabras, y siempre entre las frases y los párrafos. Cuando el lector es creativo, cuando la atención es recíproca, al principio debe, en cierto modo, saltar para llegar a la frase siguiente, pero a medida que la historia avanza, los saltos se hacen cada vez más largos y éste es un modo para establecer la complicidad entre el escritor, el lector y el relato. El silencio, lo que no se dice, es increíblemente importante. Se podría expresar esta importancia a un nivel mucho más metafísico y filosófico, porque es muchísimo lo que no se puede expresar y quizás es el elemento más valioso. Pero, hablando a un nivel más artesanal, el silencio representa el instrumento principal para establecer la complicidad con el oyente o el lector.

R.K.: El silencio es algo que en parte ha sido creado por el escritor, pero también, en gran medida, por el lector. A veces lo vemos en los actores, en los intérpretes de un texto. Ésta es la respuesta: es un poema de John. Lo que significa el silencio en el texto se deja a la improvisación, al modo en que lo leamos, a cómo lo interpretemos.

> Oh, my beloved, / how sweet it is to go down / and bath in the pool, / before your eyes, / letting you see / how my drenched line dress / marries the beauty of my body. / Come, / look at me.[1]

(El poema es leído sin entonación alguna, sin interrupciones, y es recitado con una serie de silencios. *N. de la Red.*)
Todo consiste en la interpretación del texto. Por tanto el silencio se crea por el modo en que interpretamos el texto. En todos los textos hay, y no hay, silencio: depende de lo que encontremos en el texto. Naturalmente, escribir es una selección, una elección, una decisión. Pero sé, por mi trabajo, que quien escribe intenta atraer al lector hacia el gusto por las palabras. Luego, de pronto, encontramos a alguien que ha leído un libro nuestro en una

---

1. Mi bien amada / qué dulce bajar / a bañarse en el estanque / ante tus ojos / y dejarte ver cómo / mi túnica de lino empapada / y la belleza de mi cuerpo / se casan. / Ven, / mírame (John Berger, *Y nuestros ojos, mi vida, breves como fotos*, trad. de Pilar Vázquez Álvarez, Hermann Blume, Madrid, 1986, pág. 101). *(N. del T.)*

hora. Esto significa que no lo ha leído, porque ese libro estaba destinado a durar una semana, un mes, sólo para llegar a entender algo del mismo. Por tanto el silencio es una relación entre el autor y el lector.

ÍNDICE

Nota 7
Introducción, por Maria Nadotti 9
LOS CÍNICOS NO SIRVEN PARA ESTE OFICIO
Ismael sigue navegando 27
Explicar un continente: la historia
   de su desarrollo 65
El relato en un diente de ajo 91